共同的声音

"一带一路"高端访谈录

王 琳 著

商务印书馆
创于1897
The Commercial Press
2017年·北京

图书在版编目(CIP)数据

共同的声音:"一带一路"高端访谈录/王琳著.—北京:
商务印书馆,2017 (2017.11重印)
ISBN 978-7-100-13915-1

Ⅰ.①共… Ⅱ.①王… Ⅲ.①"一带一路"—国际合
作—研究 Ⅳ.①F125

中国版本图书馆 CIP 数据核字(2017)第 080889 号

共同的声音:"一带一路"高端访谈录
王琳 著

商 务 印 书 馆 出 版
(北京王府井大街36号 邮政编码100710)
商 务 印 书 馆 发 行
北京新华印刷有限公司印刷
ISBN 978-7-100-13915-1

2017年5月第1版 开本787×960 1/16
2017年11月北京第2次印刷 印张 15¾
定价:49.00元

序

坚持共商共建共享，推进"一带一路"建设

欧晓理

从 2013 年 9 月、10 月中国国家主席习近平提出，到写入中国共产党的第十八届三中全会，正式成为中国的重大发展战略，"一带一路"倡议提出来时间不长，就是三年多一点儿的时间，但其影响和建设成效远超预期，我们作为亲历者确实没有想到。现在来看，不仅中国国内都动员起来了，"一带一路"倡议在国际上的影响也越来越大。2016 年 11 月 17 日，联合国大会做出了一项决议，其中提到支持"一带一路"等国际经济合作倡议，呼吁国际社会为"一带一路"的推进提供安全保障。四个月后的 2017 年 3 月 17 日，联合国安理会又做出了一项决议，提出要支持"一带一路"经济合作倡议，通过"一带一路"建设促进阿富汗问题的解决等。这说明"一带一路"的国际影响已经形成了。

"一带一路"建设的主要区域是欧亚大陆，中国国家主席习近平也说过，中国提出"一带一路"是着眼于欧亚大舞台、世界大棋局。欧亚大陆是全球面积最大的大陆，也是战略地位最重要的一块区域。因此，各种力量在欧亚大陆上都有很大的战略投入，现在最有力量的是欧、美、

中三方。说到这儿，我想起了毛泽东主席于1935年所作的《昆仑》一诗，"而今我谓昆仑，不要这高，不要这多雪。安得倚天抽宝剑，把汝裁为三截？一截遗欧，一截赠美，一截留中国。太平世界，环球同此凉热。"①

毛主席这首诗里面讲的欧美中三股力量，都分别在2009年、2011年和2013年提出了各自的欧亚大陆战略，三个战略都带有"丝绸之路"的标识。欧盟的叫"新丝绸之路计划"，希望通过与相关国家建立起人员、资源方面的合作，以摆脱欧盟过去在能源方面过多依赖俄罗斯的状况。2011年美国国务卿希拉里·克林顿在印度提出"新丝绸之路战略"，希望以阿富汗为中心连接中亚和南亚，保证美军撤离阿富汗之后能够维持美国的影响力。2013年中国国家主席习近平提出"一带一路"，即丝绸之路经济带和21世纪海上丝绸之路。现在大家看一看有多少人在议论欧盟的"新丝绸之路计划"？又有多少人在讨论希拉里·克林顿提出的"新丝绸之路战略"？现在大家谈的都是"一带一路"。为什么"一带一路"倡议提出时间不长，就得到了国际社会普遍的认同？这个值得我们去研究、琢磨，我也思考了其中的奥秘，很简单，就是因为中国政府提出来的"一带一路"建设"三共"原则，即：共商、共建、共享。

第一，共商解决了怎么建的问题。中国方面一直强调"一带一路"建设要进行战略对接，要与沿线国家的发展战略、发展规划和发展愿景进行对接，要照顾到他们的发展诉求和利益关切。通过战略对接找合作最大的公约数，我们大家一起看准的就干，没有看准的先搁下。其中最值得称道的是中国不附加任何政治条件，这种做法就与很多朋友、很多国家不一样，有些国家跟人家谈合作的时候带着诸如民主、人权等他们自认为"政治正确"的说辞，这搞得很多国家很不爽，觉

---

① 诗中"一截留中国"为1935年原作。1958年，毛泽东主席批注道："改一句，'一截留中国'，改为'一截还东国'。忘记了日本人民是不对的，这样英、美、日都涉及了。"

得你不是来帮我干事而是来找事的。中国不附带这些东西，中国对自由、民主、人权有自己的理解和看法，但是我们不输出我们的价值观，我们不输出我们的意识形态，我们尊重各个国家道路的选择，尊重各个国家治理模式的选择，尊重各种文明，尊重各种文化，跟人家合作的过程中我们不会对别国内部事务指三道四，更不会偷偷地搞一些很可耻的颜色革命。

第二，共建解决了谁来建的问题。中国方面一直强调沿线各国要实现经济政策协调，开展更大范围、更高水平、更深层次的合作，而且强调了项目要一起做，大家的利益、责任和命运捆在一起、拴在一起、系在一起。同时中国也强调第三方合作的重要性，中国欢迎"一带一路"以外的国家来"一带一路"沿线国家开展合作。中国还有一个优势，就是巨大的制度优越性，"一带一路"是由政府推动、企业主导，政治领导者直接推动，各类企业作为主体冲在前面，金融机构紧随其后。这样一种协同推进的模式效率极高，合作方很愿意和中国合作。别的一些国家要学这个也比较难，有些国家还"酸溜溜"地说中国搞国家资本主义，我说我们不是搞国家资本主义，是你们搞不了所以嫉妒。

第三，共享解决了为谁建的问题。"一带一路"建设当然有中国的利益，但中国的利益是与合作国的利益捆在一起的，一荣俱荣，一损俱损。我们希望"一带一路"建设是各个国家互利共赢的平台，而不是只求自己发展的地缘战略。"一带一路"有很多合作领域，无论七大合作领域还是八大合作领域，最重要的是两个，一个是基础设施的互联互通，一个是国际产能合作，这两大领域与沿线国家的诉求高度吻合。欧亚大陆国家众多、千差万别，但是也有一个共同点，就是大部分国家都欠发达，都有实现自己的工业化、产业化的强烈诉求。"一带一路"推进基础设施互联互通、推进投资合作、推进产能合作，刚好能够满足各国的诉求，有人帮这些国家搞基础设施，帮助实现工业化，他们当然很乐意。欧盟的"新丝绸之路计划"主要还是盯着人家的能源，美国的"新丝绸之路战略"则有地缘政治的考虑，一会儿要遏制这个国家，一会儿要遏制那个国家，让大家感觉都不舒服。中国与各个国家的合作不针对第三国。

"三共"使我想起了毛主席在革命战争年代提出了群众路线和统一战线，"三共"有点儿类似于现在的群众路线和统一战线。在"三共"原则的指导下，"一带一路"建设一定会走得越来越好。

习近平主席在2016年8月17日的推进"一带一路"建设工作座谈会上强调，要积极宣传"一带一路"建设的实实在在成果，加强"一带一路"建设学术研究、理论支撑、话语体系建设。王琳长期从事"一带一路"和海外投资的报道研究工作，是该领域的专家型记者和活跃的青年学人。这部"一带一路"高端访谈录从策划之初就征询过我的意见，并商定了《共同的声音》这一书名。在本书即将出版之际，谨以此序表示祝贺并向读者郑重推荐。

（欧晓理，国家发展和改革委员会西部开发司巡视员。）

目　录

共建丝绸之路经济带

共建 21 世纪海上丝绸之路

"一带一路"的先行先试：中非合作

第三方力量（国际组织多边开发机构和私人企业）

『一带一路』所处的时代与世界

美利坚大学教授阿米塔·阿查亚:
"后美国时代"的世界秩序将会怎样?

纽约大学教授詹姆斯·派克:
中国将是这个世纪的大国

世界贸易组织总干事罗伯托·阿泽维多:
乐见中国高度重视全球贸易与投资

国家发展和改革委员会西部开发司巡视员欧晓理:
"一带一路"的"势"已然成形

摩根士丹利亚洲区前主席、耶鲁大学高级研究员史蒂芬·罗奇:
非常支持"一带一路"倡议

外交部国际经济司副司长刘劲松:
中国愿与各国一同推进工业化进程

浙江工业大学中国中小企业研究院教授陈衍泰:
国际产能合作大有可为

清华大学当代国际关系研究院院长阎学通:
"一带一路"概念应避免泛化

美利坚大学教授
阿米塔·阿查亚

"后美国时代"的世界秩序将会怎样？

时间：2016 年 12 月 18 日

特朗普就任美国总统后，美国的霸权将走向何方？特朗普时代的全球地缘格局将有何变化？"后美国时代"的世界秩序将会怎样？

带着这些问题，记者王琳专访了美利坚大学国际事务学院国际关系学教授阿米塔·阿查亚（Amitav Acharya）。

阿查亚认为，特朗普的当选将加剧美国霸权之下世界秩序的衰落，但未必是美国的衰落。特朗普的当选更多是所谓自由主义秩序结束的结果而不是原因，美国主导的世界秩序的衰落来源于美国国内政治的内部失败。英国脱欧也是从欧盟内部挑战欧盟机制。

阿查亚同时强调，特朗普的当选不仅有损美国的软实力和国际形象，引发美国国内政治更多的不确定性和混乱，还将给全球带来不确定性。

阿查亚认为，在多元化的世界秩序中，中国和印度将会拥有更多的话语权和角色，尽管有太多不确定因素，但中印仍有成为世界第一和第二大经济体的可能。中国、印度和其他所有新兴国家要一起合作，尝试努力度过这个（特朗普）时期，在属于中印等新兴经济体的时机到来之前，应该尽可能更多地提升实力。

中印对全球化乐见其成

王琳： 过去一年（2016年），发生了英国脱欧和特朗普当选美国总统等出乎意料的事件。这些事件是否推动了您强调的"美国世界秩序的终结"？

阿查亚： 当然是的。我对欧盟持批评态度，欧盟将自身看作其他地区合作的榜样，比如东盟和非盟都应遵循欧盟模式，但是这种模式并不适用于这些地区，有太多的条款限制，有对主权的侵犯，所以不同地区应遵循不同的模式。英国脱欧，对欧盟来说是内部的一次巨变，因为英国不喜欢那些条款，如果英国和欧洲国家都不喜欢这些条款，亚洲和非洲又为什么要遵循欧盟的模式呢？所以我的观点被英国脱欧证实了，我没有预测英国脱欧，我并不会做过多预测，但这与我的多元化世界秩序观点相一致。

特朗普的出现并不是自由主义秩序结束的原因，而是结果。而这一结果源于美国国内政治的失败。人们给特朗普投票是因为不喜欢现在的秩序，所以不能说特朗普是要挑战现在的秩序，事实上现在的秩序已经从内部被挑战了，人们认识到了这一点。所以，我认为自由主义秩序的思想，或者说美国治下的秩序及其主要组成部分，比如自由贸易，对民主的推广，以及美国建立的国际货币基金组织和世界银行，被削弱已经有一段时间了，和以前不同的是，现在这些国家的人民开始意识到这件事了。

以前人们说，美国世界秩序将会被中国和印度挑战，但现在看到，正是欧洲和美国内部的人们对美国统治下的世界秩序发起了挑战，这是新的认知发展。我们现在看到，中国和印度在出面维护这种秩序，不希望太快发生太多的变故，因此中国和印度支持全球贸易，中印对全球化乐见其成。而美国和英国的公众则不是。这是一个非常讽刺的现象。

我们从未像今天这样被联系在一起。如果说我们现在是回到19世纪的多极化，也许你可以重新激活美国的统治，就像特朗普宣称的那样，但我认为这不可能。我认为我们在去往一个从来没有人预料到的境地，这是一个非常不确定、不可预料的世界。

王琳：您对特朗普当选美国总统有何担忧？

阿查亚：首先，我担心美国的软实力和国际形势。如果特朗普实施针对移民等的政策，会非常大地改变美国的国内政策，美国国内甚至可能发生冲突，会让美国看起来不够包容，会损害美国的软实力和形象。

其次，这一届内阁中有一些是超级富豪，有时候可能有好结果，会带来一些改变，但是如果他们没有经验，且因为自己是富人所以会做一些对富人有利的事，那么美国穷人会遭受什么？美国有非常多的穷人。这让我忧虑。

接下来的四年，美国的国内政治可能不会特别平静，会经历一段充满不确定性和混乱的时期。特朗普可能会撤销奥巴马医疗改革，奥巴马任内的很多期待并没有完成。让我们期望在美国的制衡原则下，特朗普不会实行那些引起争议的政策。即使有制衡原则，我们仍要准备好面对许多来自国会和媒体的对抗与反对。

"一带一路"是一个基础设施倡议

王琳：有人认为特朗普当选总统美国会受损，中国等国家将受益。您认同这一观点吗？特朗普会对国际政治经济秩序产生哪些外溢影响？

阿查亚：我认为这种说法过于乐观，也言之过早，将问题简单化了。

　　特朗普的当选造成了许多不确定性，未来的情况将取决于他的政策。如果他削弱了贸易（并不只是和中国的贸易，还包括全球性贸易），这将是中国的损失。如果特朗普挑战国际制度和规则，我想这也是中国的损失。如果特朗普两者都做了，这一定会是中国政策制定者更加迫在眉睫的忧虑。如果特朗普改变了"一个中国"政策，如果特朗普直接在中国南海对中国发起袭击，中国应该怎么回应呢？回应需要许多的资源，资金和精力都是有成本的，这会对中国的权力产生负面影响。最重要的是，中国仍然是一个发展中国家，如果直接陷入和美国的对抗，这对中国是很不利的。

　　这取决于特朗普做了什么，不仅仅是看他对中国做什么，还要看他对中国的邻居做了什么。中国也许可以在某种程度上获益，但也会惹上很多麻烦。我认为中国意识到这一点很重要。如果特朗普破坏了美日关系，韩国和日本可能会被诱使走向核武器的开发，而日韩拥有核武器，也不符合中国的利益，因为这会中和掉中国的优势。印度用核武器是一回事，而日韩则是另一回事，所以这不符合中国的利益。而且，中国不希望朝鲜成为核武器大国，但如果日韩都要研发核武器的话，就会很难制止朝鲜保存其核武器。所以我认为不能简单地说，美国的危机就是中国的获益。

　　有人认为中国能从与美国的贸易中受益，因为中国对美国保持着贸易顺差。跨太平洋伙伴关系协定（TPP）将被取消，有些人认为中国会从中受益，TPP 的取消会利于其他贸易安排，比如区域全面经济伙伴关系（RCEP），但 RCEP 并不是中国主导的贸易协定，还有日本和印度，RCEP 的第一大问题是印度而不是美国，而要想就此进行谈判十分不易。同时，中国提出的"一带一路"并不是一个贸易倡议，而是一个基础设施倡议，虽然这个更在中国的掌握之中，但还不能取代现在一般的自由贸易协定。

　　印度并不能改变世界，印度也不想摧毁现在的世界秩序。如果特朗普当选以及他的政策对中国有利，那么印度会对此非常紧张。有些人认为特朗普会对印度表示友好，但他最近展现出的亲巴基斯坦的姿态引发了一些争议，比如与巴基斯坦总理通电话。这让印度非常不高兴。奥巴马执政时期美印关系更加紧密。这可能是特朗普缺乏经验，也可能只是象征性的。所以我们要再进一步观察特朗普任期内的政策影响，但 2017 年肯定是充满不确定的阶段。

所以有时候一些国家认为可以从特朗普当选中获益是忽视了简单的逻辑。我认为各方应该对此保持谨慎。中国、印度和其他所有新兴国家要一起合作，尝试努力度过这个时期，在属于中印等新兴经济体的时机到来之前，应该尽可能更多地提升实力。

特朗普或将延续军事上的"亚太再平衡"

王琳：特朗普将实行什么样的亚太战略？

阿查亚：特朗普表示他将要取消 TPP，而这正是奥巴马政策的主要组成部分，是奥巴马"亚太再平衡"战略的具体体现。如果 TPP 行不通，美国可能会与更多亚太地区国家签署双边贸易协议。特朗普任内，美国将在亚太地区进驻更强大的军队，特朗普可能会延续奥巴马在军事意义上的"亚太再平衡"战略。但真正关键的是他会对美国的盟友采取什么态度。特朗普是会重申与日本、韩国的承诺，为这些联盟提供足够的安全感，还是会说"你们要么花更多的钱，否则将不会得到我的保护"来削弱联盟关系？现在我不知道这会不会发生，一旦发生，就会看到一个完全不同的安全局势。我并不是说美国的盟友正在重新稳定，因为中国和日本之间也有一些问题。但问题是，如果你消除了这个联盟，却不建立一个新的多边结构来取代，你就会发现区域中的一些国家，比如韩国，会花更多钱在防御和核武器上。

我觉得需要改变亚太的结构，从联盟到多边组织。如果确定要做，必须给亚太地区足够的时间建立相关的组织与制度，但是现在并没有。所以，如果突然在这个区域中解散这些联盟或者削弱他们，这些国家就会感到紧张，再加上中国崛起，这会在亚太地区生出许多不确定性和反复无常。

我认为另一个改变是特朗普不会对东盟保持非常紧密关系。东盟是奥巴马最喜欢的机制，他偏爱东盟也因为他在印度尼西亚度过他的童年。但是我对亚太地区继续以东盟为中心不抱太大期望，我们可以看到东盟内部已经开始腐蚀，从内部开始变弱。特朗普可能想和一些地区或国家建立比较亲密的关系。

纽约大学教授
詹姆斯·派克
中国将是这个世纪的大国

时间：2016 年 12 月 18 日

詹姆斯·派克（James Peck）是纽约大学经济史和国际关系史教授，他从历史的角度来看待特立独行、意外崛起的特朗普以及特朗普现象。

派克认为，特朗普的当选是全球政治经济格局变化的结果而不是原因。

对于在特朗普本土主义时代中国的全球角色，派克认为，中国的开放其实给冷战后萧条的西方经济带来了机会和更多选择。如今中国提出"一带一路"倡议和牵头筹建亚洲基础设施投资银行（AIIB），都是中国再开放的表现。

当然，对于中美取代美国领导力以及中美权力的结构性变化，他强调，世界权力的更替是缓慢的。中国在全球影响力的上升是一件积极的好事。中国将是 21 世纪的大国。

特朗普现象顺应美国变化

王琳：很多人担心特朗普政府会导致全球地缘政治和地缘经济格局的动荡。您对此有非常深刻的洞见：特朗普政府的诞生是上述格局变动的结果而非原因。您是否能具体谈谈？

派克：我们必须把这些所有的变动放在美国社会变化的大背景下来看，尤其是 20 世纪 90 年代末苏联解体后美国在全球的一系列动向。我相信，2008 年之后很多人对经济问题有不同的看法。这经历了很长的过程，但终于在（20 世纪）90 年代迅速爆发，同时产生了巨大的社会不满情绪。父母开始担心孩子的教育，移民问题也开始凸显。从整个美国历史来看，20 世纪 30 年代大萧条以来，这些又重现了。这一社会背景非常重要。

我认为，特朗普政府在改变美国政策的方向，他正试图促进美国的国内发展来支撑巨大的基础设施资金，试图保护某些产业，并发展那些有竞争力的产业，比如一些大型生产基地。他确实在加强一些控制，他也具备这方面的手腕。

特朗普关注到了美国的资本流动，这是自尼克松时代的布雷顿森林体系以来对美国势力的巨大隐藏，大概 190 000 亿美元。这些从美国流出的资本在德国、日本等国家流动运作，用于海外投资或者国内建设。特朗普需要应对国会中较为传统的共和党人。我相信特朗普能够应对这些，因为他能够触及大众媒体和舆论，他能够激发人们、动员人们。

希拉里外出演讲时只有几千人在听，而有两三万人在听特朗普演讲。这是美国的一个新现象。因为我们正生活在一个媒体变革的时代。人们需要被激发，而特朗普则精于此道。

然而，特朗普在选举过程中展示自己时犯了几个错误。如果没有这些错误，他能表现得更好。他利用家庭的优势，热衷大手笔的交易。他是盛气凌人、直截了当、灵活多变的。这一点也将体现在他的外交政策上。

在贸易政策上，他会充分利用那些亿万富翁、有权势的知情人士。因此，在挑选内阁成员时，他会根据他的需要挑选这些人。他们怎样使美国经济更繁荣，他们就将怎样看待美国经济政策。特朗普非常介意别人违背他的意愿，介意那些自我感觉良好的人。他不是一个在意细节的人，但他有强烈的控制欲望。

王琳：特朗普挑选那些来自华尔街、大型公司等的知情人士、亿万富翁组成内阁。这样的内阁结构是否能够帮助美国经济再现繁荣？特朗普的信心来自哪里？

派克：我们不知道新任内阁将有何表现，只能在具体事件中判断。特朗普的内阁虽然坐拥巨额财富，但并不意味着他们不会失败。当对经济政策进行改革时，也会牵动政治，不能够低估这些。特朗普面临的挑战是，是否能够充分适应这一切变化，做好准备应对特殊情况。

特朗普是一个非常特殊的人。商人常能很好地适应政治生活，美国有很多这样的例子。另一方面，我认为奥巴马政府和克林顿政府，他们没有能够很好地控制那些使美国在变动世界中立足的领域。希拉里则有点儿老套乏味。

特朗普在美国历史上是一个特例，但是他顺应了美国目前的变化。这一点，中国人和美国人都需要认清。

世界权力的更替是缓慢的

王琳：特朗普引起中国人关注的是他的两个举措：一个是他的基础设施计划，另一个是制造业重返美国。很多人认为，政治潮流或者历史趋势是不能回转的。比如，美国还没有相应的财政政策进行基础设施投资建设，没有相应的机制保障。从历史的视角，您认为特朗普的这两项计划的优劣势在哪里？

派克： 我认为政策的挑战在制造业，实施海外计划以及盈利的能力。美国能做的是发展新兴产业和巨大的能源产业。历史是非常不公平的，美国拥有巨大的能源基地。我认为最具挑战性的是制造业生产基地。我老师曾经说，当所有的经济学家都说对，那么它很有可能是错的。目前仍不能否认的事实是，世界上的钱流向美国，因为钱放在美国更加安全。这也是特朗普的底牌，他是一个机会主义者，正如他选择一些人进入内阁。这也是我认为制造业基地、新兴产业、能源基地等非常重要的原因。很多人对此可能没有经济概念，因为看看每年有多少钱进入到国防预算就知道了。但我认为，他正在改变这一现状。

特朗普是一个本土主义者，利用支持者们的恐惧和担忧，并使他们朝着他所想要的方向发展，这是十分危险的举措。比如，人们会担心移民问题，如果你是非法移民，但你的孩子在美国出生，那么根据宪法小孩是合法的，但是父母不是，这是复杂而又令人不愉快的。

王琳： 一些中国战略家和学者认为，特朗普政府当选是世界力量转变的开始，从美国独大到多极化，中国或许在此过程中扮演角色；另一些人则认为特朗普不会让这一转变轻易发生或者很快发生。您怎么看？

派克： 世界权力的更替是缓慢的，但是已经进行几十年了。我们必须清楚的是，未来二三十年美国想要什么？想继续保持一头独大的局面吗？我认为这是不理性和不现实的。在这种背景下，特朗普会全力让美国实力保持在第一梯队，但是他不会在控制传统世界经济秩序中没有作为。他正在做出调整，但是美国已经不是世界的中心了，资本也在全球流动。

我认为，快速的权力转换以及目前到底有多少美国全球性政策的支持者，是不明朗的。这种全球干涉主义在美国流行已久。二战时期，美国是多么艰难地在德日中间构建世界秩序。因为一大批商人、保守主义者并不愿看到这些。到 20 世纪 90 年代苏联解体，一些保守主义者才认为美国应该回归正常国家，不再做超级大国。自由主义者则认为应该继续保持这种趋势，因为其他已经不奏效了。

中美问题不会失控

王琳： 您刚才提到 20 世纪 90 年代，您的著作《世界秩序》一书中也提到冷战。一些预测认为中美对抗关系将升级，并且发生新的世界大战，如在中国南海发生的一些摩擦以及其他政治问题。您有何看法？

派克： 特朗普政府一定有一些建议者，认为要抓住机会对中国进一步施压，比如在台湾问题上。但我认为，美国的核心国家利益认为台湾不是独立的，如果中国在此问题上继续强硬，这一观点将获胜。

特朗普需要注意的是，他的战略顾问们大多与中东问题有牵连，他们必须为自己的问题做出打算。另外，台湾问题在竞选中非常重要，但是他的选民并不怎么关心中美关系，他们反而更关心中东问题，更关心发生在美国或者欧洲的恐怖袭击事件。因此，我并不相信他能够动员足够强大的力量来对抗中国。

特朗普的智囊试图升级美中竞争关系，我认为与中国关系升级不是关键。我认为中美问题不会失控。但问题是，特朗普会热衷跟你讨价还价，跟你交易，他是一个如此盛气凌人的、性急的领导人。但他也更加灵活。因此，问题应该是，如何理解一位这样做事风格的领导人。

中国的开放增加了西方国家的机会和选择

王琳： 在过去三年里，中国政府采取了一系列积极主动的外交政策，中国通过设立亚洲基础设施投资银行、提出建设"一带一路"倡议等举措扩大全球影响力，海外投资布局进一步扩展。您认为下一阶段中国将扮何角色？

派克： 中国在全球影响力的上升是一件积极的、非常好的事情。因为中国开放自己，让西方很多灵活性的东西进来。从历史的视角看，冷战开始，尤其近几年，西方国家是很艰难的。中国的开放政策则让西方国家有了机会和更多的选择。这是非常好的。我并不将这些看作是扩张政策。我相信中国将是21世纪的大国。当人们谈论"中国威胁论"或是中国和平崛起，我并不确定，因为美国就不是和平崛起。我认为美国不应该过多介意中国的一些问题，因为这些不是中国的核心问题，更应该关注中国在气候问题、环境问题、联合国问题上的领导力。比如中国在联合国维和行动中是派出人数最多的国家，这是非常了不起的。我认为这应该是美国所关注的。

王琳： 您如何看中美双方在非洲等第三方国家合作提供医疗卫生和安全等公共产品的合作关系？

派克： 美国的这些举措是态度上的一个转变。我记得（20世纪）60年代激进主义者的言论是我们必须教会别人怎么做，而不是学习他们。当这些思想流逝后，一些合作变得有希望了。我不知道特朗普将如何做，但至少不会将注意力放在这个上面。我认为，中国人可以在非洲发展，中国企业去非洲进行一些合作，而且这不是政府行为，是私人公司的做法。我记得美国国务卿演讲中说过，我们有责任帮助非洲。我认为非洲在过去的世纪里是不幸的。

世界贸易组织总干事
罗伯托·阿泽维多

乐见中国高度重视全球贸易与投资

时间：2016 年 9 月 4 日（G20 峰会期间）

贸易和投资是促进增长和就业的重要动力，这已经是当下的普遍共识。但目前全球贸易增速放缓，已经连续三年低于世界经济增速，不少国家的贸易投资保护主义显著抬头，旨在减少贸易壁垒、推动公平贸易的多哈回合谈判面临挑战。

与此同时，全球范围内各类自贸区和双边投资协定迅猛发展。数据显示，从 1948 年到 2014 年，全球共出现了 789 个贸易协定。在促进贸易投资自由化和便利化的同时，也造成全球贸易投资治理的"碎片化"。

全球贸易体系与协定的"大管家"——世界贸易组织（WTO）总干事罗伯托·阿泽维多（Roberto Azevêdo）表示，很高兴看到中国作为二十国集团（G20）主席国对贸易和投资的高度重视，而且也相信贸易问题在 2017 年的德国汉堡 G20 峰会上仍将成为重要议题。

就任 WTO 总干事快三年，阿泽维多以"硬朗坚定"的作风著称。

他认为，中国是全球贸易和世界经济全球化的最大受益者之一，中国参与全球贸易和世界经济促进了经济增长，刺激了商品和服务的消费，这对世界经济有着完全积极的意义。

对于命途多舛的多哈回合谈判，三年前竞选总干事的阿泽维多曾表示，没人能对多哈回合谈判宣布死亡。如今，经历了巴厘岛协定、实现多哈破冰等一系列艰难谈判后，阿泽维多的观点依旧没变，多哈回合谈判非常重要并且不会取消。

贸易在 G20 中显著且重要

王琳： 中国作为 2016 年 G20 主席国倡议创设 G20 贸易投资工作组，并定期举行贸易部长会议。G20 贸易投资工作组怎样补充了 WTO 的路线和机制？

阿泽维多： 我们很高兴地看到贸易问题在 G20 机制中具有显著的重要性，我们也很高兴地看到中国作为 G20 主席国高度重视贸易和投资议题。G20 贸易部长在许多领域进行协调合作，比如开发了全球贸易预测指标，这些预测指标对于监测全球范围内的贸易环境是十分有用的工具。

此外，WTO 在一系列领域同 G20 成员展开合作，包括呼吁 G20 成员尽快批准贸易便利化协议、呼吁维护多哈回合谈判事宜，同时商议当前对世界经济非常重要的领域，比如电子商务、促进贸易包容性以及完善使中小企业能更广泛参与的经营环境。我认为通过这些会议我们有了一系列好消息。

王琳： G20 传统是财金渠道对话，今年（2016 年）首次召开了 G20 贸易部长会议。在 G20 机制下讨论贸易问题的必要性体现在哪里？

阿泽维多： 我认为在对话中 WTO 已经很好地认识到了这一点。我们的声明本身是呼吁加强多边贸易体制，这对 WTO 非常重要，体现了领导人对加强 WTO 多边贸易体制的政治承诺。

现在，在 G20 峰会和同等级别会议上会讨论许多不同的议题，但这是正常的，每一届峰会都是如此。峰会关注和处理的是峰会召开当时全球经济最突出的问题，但这并不意味着是重要性最高的问题。我很高兴地看到人们已经开始严肃对待和处理贸易问题。

王琳：WTO 会支持明年（2017 年）以及今后继续在 G20 机制下召开贸易部长会吗？

阿泽维多：我还没有和德国领导人深入沟通。但就初步的对话来看，德国也将高度关注贸易问题。虽然我尚不清楚贸易对话将采取的形式，不知道这是否已经定下来了，但我已经从德国得到确认，贸易问题在 2017 年 G20 对话中仍会是极其重要的议题。

多哈回合谈判不会取消

王琳：三年前您曾说没有人能断言多哈回合谈判已经失败，但现在我们仍未见其恢复，请问今年（2016 年）在多哈回合谈判问题上会不会有所突破？

阿泽维多：可能还需要更长时间。我认为多哈回合谈判非常重要不会取消，尤其重要的领域包括农业、农业补贴、工业产品和服务等，都是需要成员之间磋商谈判的关键领域。

自我上任以来到现在快三年的时间，我们一直在试图寻找解决办法并取得突破，但我们取得的进展只局限在某些方面。我们有所进展但并没有解决多哈回合谈判的全部问题。我们会持续关注并努力探索哪个具体领域能取得更大进展。但现在就预测我们会不会取得突破、何时取得突破、在具体哪个领域突破还为时尚早。

坚定支持 WTO 和全球化

王琳：请问您和 WTO 将如何应对当前的反全球化潮流，并证明全球化仍然对世界经济和人民有利，以及 WTO 仍将发挥重要作用？

阿泽维多：现任全球各国的领导人本身对 WTO 都非常支持。在他们的声明中，他们更强调应继续将 WTO 置于世界经济和贸易全球治理的核心，他们希望加强这个体系，因为他们认为这对促进世界经济增长和应对特殊问题都非常重要。

关于贸易的讨论，要考虑是谁在什么时候、在什么样的环境下发表了这样的观点。我经常在一些政治辩论中听到一些特定的批评全球贸易带来失业问题的观点，但我认为这种言论是极具误导性的。今天的全球贸易带来的失业影响是微乎其微的。事实上，现在 80% 以上的工作岗位减少都是因为创新和生产率提高，贸易并不是主要的原因。

我们需要的是基于事实的理性对话，而不是依靠直觉的对话，因为有时这种对话受政治目的和策略的影响很大。

王琳：中国作为全球贸易的领导者，为积极推动 WTO 和促进全球贸易发展做出庄重承诺。有些人批评只有中国从 WTO、全球化和全球贸易中受益最多。您认为中国应怎样推动世界贸易更上一层楼并展现出自己的领导力？

阿泽维多：毫无疑问，中国是全球贸易和世界经济全球化的最大受益者之一。但中国参与全球贸易、世界经济，实际上也是一件特别好的事情，因为这促进了经济增长，刺激了商品和服务的消费，对世界经济有着积极意义。

一般情况下，其他全球贸易的参与者都能看到中国在世界经济中的积极角色。其实，现在大家都很担心中国经济增速放缓，因为这同时放缓了世界经济增速。我认为在贸易问题上各方的态度各异，几家欢乐几家愁，关于贸易的对话十分复杂，取决于谁在发表观点以及针对的是哪个领域。

国家发展和改革委员会西部开发司巡视员
欧晓理
"一带一路"的"势"已然成形

時間：2017 年 4 月

国家发展和改革委员会西部开发司巡视员欧晓理是"一带一路"倡议从研究提出到规划落实的亲历者。在"一带一路"国际合作高峰论坛举办前夕，王琳就"一带一路"的设想、落实以及下一步建设重点等问题对欧晓理进行了专访。

欧晓理认为，现在"一带一路"建设已经从初期的"摸着石头过河"，逐步过渡到基本框架更加清晰、工作方式更加明确、合作共识更加广泛、建设成果更加丰富、"朋友圈"不断扩员的新阶段。他同时强调，要对下一步工作的难度有清醒的认识，"低垂的果实已经摘完了"。这需要我们更加努力，要有战略定力，按照顶层设计的蓝图，一张蓝图干到底，以钉钉子的精神做好各项工作。

以钉钉子的精神做好各项工作

王琳： "一带一路"倡议提出三年多来，在阶段性总结回顾的时候，提到进展和成效超出预期，您对此是怎么理解的？

欧晓理： 从 2013 年国家主席习近平首次提出，到 2014 年写入党的十八届三中全会决议，而后正式成为我国的重大发展战略，"一带一路"倡议推出时间虽然不长，但其影响和建设成效却远超预期。

为什么这么说？这可以从国内和国际两个方面看。从国内看，在这短短的三年中，中国研究制定了"一带一路"建设的战略规划，发布了《推动共建丝绸之路经济带和 21 世纪海上丝绸之路的愿景与行动》，为"一带一路"建设做出了顶层设计，绘制了宏伟蓝图；以"共商、共建、共享"为原则，与许多国家开展了战略对接，达成了许多共识；国内各方面对"一带一路"的认识在不断加深，参与和融入"一带一路"建设的积极性持续高涨，一系列探索和实践也在如火如荼地展开，一些重要专项工作取得显著进展。目前国内，领导小组牵头抓总，办公室统筹协调，地方部门分工负责，以企业为主体的推进工作机制已经形成。

从国际上看，倡议一提出，迅即得到了国际社会的广泛关注和一些国家的积极响应。由于"一带一路"巨大的感召力和吸引力，再加上国内各方面的努力工作，到目前已有 100 多个国家和国际组织表达了对"一带一路"倡议的欢迎态度，我们已经和 40 多个国家和国际组织签署了 50 多份"一带一路"合作备忘录和协议。以基础设施互联互通和国际产能合作为"双核心"，中老铁路、雅万高铁、瓜达尔港、中俄和中亚油气管线等一批重大基础设施项目启动实施，与沿线 30 多个国家开展了机制化的国际产能合作，沿线 50 多个国外产业园区建设顺利，中白工业园、泰中罗勇工业园等一批海外产业园区加快发展。与沿线国家的人文交流、民生合作也取得积极进展，"一带一路"建设的民意基础进一步得以提升。可以说，"一带一路"的"势"已然成形。

特别值得一提的是，去年（2016 年）11 月 17 日和今年（2017 年）3 月 17 日，联合国大会和联合国安理会先后通过决议，支持"一带一路"合作倡议，这充分说明"一带一路"倡议已经得到国际社会的充分认可。即将发布的《共建"一带一路"：理念、实践与中国的贡献》，将对三年成果逐一梳理。大家读了之后，应该会有很深的感受。

坦白地说，在短短的三年多取得这样的成效，我作为一个亲历者是没有估计到的。起初我们在研究中有一个预估，5 年、10 年、20 年可以达到什么样的成效。比如，我们原来估计，可能要五年多的时间，对"一带一路"才能形成比较广泛的共识。现在看来，我们保守了。现在"一带一路"建设已经从初期的"摸着石头过河"，逐步过渡到基本框架更加清晰、工作方式更加明确、合作共识更加广泛、建设成果更加丰富、"朋友圈"不断扩员的新阶段。

当然，我们对这些成绩的取得感到高兴，但同时，我们也要对下一步工作的难度有清醒的认识，"低垂的果实已经摘完了"。这需要我们更加努力，要有战略定力，按照顶层设计的蓝图，一张蓝图干到底，以钉钉子的精神做好各项工作。

"中国方案""中国智慧"和"中国担当"

王琳： "一带一路"倡议被称为"中国方案""中国智慧"，这个倡议对于推动全球化会产生怎样的具体影响？

欧晓理： 你的问题对"一带一路"的概括不全面。去年（2016 年）G20 前，我应邀写了篇题为《举"中国方案"践大道之行》的小文，文中我说，"一带一路"是促进全球经济复苏的"中国方案"，是增进不同文明互学互鉴的"中国智慧"，是推动全球治理体系变革的"中国担当"。你的问题中少说了"中国担当"，而"中国担当"刚好与全球化关系密切。

经济全球化是社会生产力发展和科技进步的必然产物，虽然有学者把它追溯到大航海时代，但真正开始流行还只是 20 世纪 80 年代的事情，到现在也只有四十多年的历史。经济全球化为世界经济增长提供了强劲动力，促进了商品和资本流动、科技和文明进步，以及各国人民的交往。当然，我们也要认识到，经济全球化是一把"双刃剑"，它在促进全球经济增长的同时，也加剧了世界各国发展的不均衡。在全球化中，虽然各国都有获益，但有的获益多，有的获益少。在一国内部，大公司及精英阶层获益多，普通民众获益少（因为资本是可做到跨境流动的，精英阶层也可做到，但普通民众则做不到）。这导致了全球范围内社会不公平现象日益突出。有人说这是"几家欢乐几家愁"。

2008 年金融危机爆发以来，世界经济一直处于深度调整期，实现经济复苏面临非常多的不确定性。为此，世界各国都在选择复兴之道。在这个过程中，有的国家把现在世界面临的问题归罪于经济全球化，正如国家主席习近平在达沃斯论坛上讲的，经济全球化曾经被人们视为"阿里巴巴的山洞"，现在又被不少人看作"潘多拉的盒子"。有些过去高举自由化旗帜的国家选择了逆全球化的做法。这几年，保护主义、孤立主义和民粹主义等反全球化思潮有所抬头，经济全球化似乎到了一个十字路口。我看，这是有了病在治病，但遗憾的是吃错了药。

中国是对外开放的受益者和经济全球化的重要参与者、贡献者。借助全球化的力量，近 40 年我国取得了举世瞩目的成就，改变了世界经济格局。我们认为，经济全球化进程不会改变，也不可能改变，因为它符合经济规律，符合各方利益。在世界已经形成"你中有我、我中有你"的格局下，不应该也不可能抛弃经济全球化，而是应该直面经济全球化带来的机遇和挑战，适应和引导好经济全球化，让经济全球化进程更有活力、更加包容、更可持续，让世界发展格局更加开放、包容、普惠和均衡。

而"一带一路"倡议就是这样一个方案。因为共建"一带一路"是所有国家不分大小、贫富、强弱，平等相待、共同参与的合作；是秉持丝路精神，追求互利共赢和优势互补的合作；是各国共商、共建、共享，共同打造全球治理新体系的合作。它承袭了经济全球化的核心内涵，但又有新的内容。它不是简单地推动过去意义上的全球化，而是要推动形成包容共享的全球化，或者说是包容性全球化。而这需要对原有的全球治理体系不合理的方面进行改革，在这方面需要中国的担当，中国应该在推动全球治理体系朝着更加公平、公正、合理的方向发展方面做出更积极的贡献。

"政策沟通"是基础

王琳： 在"一带一路"倡议中，"政策沟通"位列"五通"之首，在这方面，中国与有关国家取得了哪些共识？

欧晓理： "政策沟通"之所以位列"五通"之首，其实道理很简单，就是因为它重要。国家主席习近平在提出共建"一带一路"倡议后，就如何共建提出了"五通"，即政策沟通，设施联通，贸易畅通，资金融通和民心相通。在这"五通"中，"政策沟通"是开展各方面务实合作的基础，也是共建"一带一路"的重要保障。也可以说，它是其他"四通"的基础。

这几年，中国有关方面与沿线国家之间以高层互访为引领，开展了多层次、宽领域的政策沟通和交流，取得了丰硕成果。我感觉到各国的共识越来越多。比如，越来越多的国家认识到，当今世界，大家业已形成利益攸关的共同体，面临着诸多困难和挑战，而许多问题单靠一国之力是无力应对的，唯有加强协调合作才能共克时艰。又比如，大家也认识到，各国政治特点不同、发展方式各异、文化传统不一，应求同存异，抛弃傲慢与偏见，尊重彼此发展道路和治国模式的选择，照顾彼此关切和舒适度。另外，大家从这几十年中国发展的经验中体会到，加强基础设施建设，促进设施的互联互通是推动经济和社会效益有机统一，实现多元化发展目标的重要选择，等等。

王琳：目前，在"政策沟通"的深度、广度乃至具体形式上需要进行哪些提升和改善？

欧晓理：从这几年的实际工作中我们体会到，在"政策沟通"方面，重点应加强四个层面的对接：

第一个层面是发展战略的对接。发展战略对接是国家间最高层次的沟通与协调，有利于从宏观上、从政治上寻求合作最大公约数，找准共同行动的方向，实现相向而行和共同发展。所以有时我说，两国政府间签署共建"一带一路"备忘录，是两国对共建"一带一路"的政治背书。

第二个层面是发展规划的对接。发展规划是对发展战略的细化和量化，发展规划的对接，就是在发展战略对接的基础上，进一步明确合作的重点方向和合作领域，确定合作的时间表和路线图。

第三个层面是机制、平台的对接。机制与平台是双边和多边合作规划能否顺利落实的关键环节。机制与平台实现对接，就可以将各国有关执行机构有效衔接起来，构建顺畅的交流、沟通、磋商渠道，并更有效地对接有关资源，及时解决规划实施中面临的问题和困难。

第四个层面是具体项目的对接。项目是实施战略与规划的最基本的单元和载体。"一带一路"倡议最终需要由基础设施、经贸、投资、金融、人文等各领域一个个项目的实施来落实，项目对接是最微观层面的对接。"一带一路"建设坚持市场运作，项目对接要遵循市场规律，以企业为主体。同时，政府也要发挥作用，为企业进行项目合作营造良好的环境，提供必要的帮助。严格说来，项目对接不属于"政策沟通"的范围。

以上四个方面的对接，战略、规划、平台和项目，我们希望从大到小，从战略对接开始；但由于思维模式的不同，有的国家希望从具体项目对接开始。为此，需要做大量的沟通和说服工作。

BRF 期待更多共识、智慧和朋友

王琳： 2017 年 5 月 14、15 日，"一带一路"国际合作高峰论坛（BRF）将在北京举行，国家发展改革委为 BRF 做了哪些准备工作？您对这次会议有何期待？

欧晓理： BRF 是"一带一路"倡议提出后，我国召开的规格最高的国际性会议。论坛主要活动包括开幕式、领导人圆桌峰会和高级别会议三部分。按照会议筹备工作的统一安排，国家发展改革委负责高级别会议。为此，国家发展改革委高度重视，专门成立了高级别会议筹备工作领导小组，由何立峰主任任组长。到目前为止，国家发展改革委做了大量工作，各项筹备工作均已完成。

对 BRF 我有三方面的期待，期待这次峰会能够产生更多的共识，能够汇集更多的智慧，能够吸引更多的朋友加入进来。

摩根士丹利亚洲区前主席、耶鲁大学高级研究员史蒂芬·罗奇

非常支持"一带一路"倡议

时间：2016 年 12 月 14 日

中国经济前景如何？没有中国的全球经济会怎样？特朗普经济学的硬伤是什么？特朗普的经济刺激计划和基础设施建设计划能否成功？中美贸易与金融关系在特朗普任内可能遇到哪些困难？全球领导力会很快从美国转移到中国吗？摩根士丹利亚洲区前主席、耶鲁大学高级研究员史蒂芬·罗奇（Stephen S. Roach）一直保持对中国经济的乐观。罗奇认为，中国拥有很好的战略、承诺和手段来实现中国经济转型目标，因此保有政治意愿实施重点改革是非常关键的。

对于特朗普任期内的中美关系，罗奇建议，中国官员要开始认识到，接下来中美谈判将比过去艰难很多，特别是在中美双边投资协定（BIT）谈判等几个非常重要的领域。不过他强调，如果能在特朗普任内达成中美 BIT 的早期协议，对中美都将是双赢。

大选前后，罗奇一直都不看好特朗普经济学。他直言对特朗普的经济班底缺乏信心。特朗普威胁将中国列为汇率操纵国的逻辑是错的。

中国应聚焦解决国内问题

王琳：您在最近的文章中写道，您有可能是最后仅有的对中国经济持乐观态度的学者了，您为什么会对中国持乐观态度？

罗奇：有三点原因。第一，为了实现中国的经济转型目标，中国制定了很好的战略方案，那就是要把中国经济从由投资和出口驱动、以制造业为主的出口导向，转向以服务业为主的私人消费导向。这个战略非常清晰。第二，中国对实现这个战略做出了强有力的承诺，因为中国知道如果失败了，中国就有可能跌入中等收入陷阱中，那对中国保持增长和发展将是非常重大的灾难，因为陷入中等收入陷阱会导致社会不稳定以及削弱吸收剩余劳动力的能力。第三，中国不仅制定了战略做出了承诺，中国还拥有实现这一目标的手段。就改革而言，特别是现在通过为社会保障、医疗保险和其他社会安全网络等方面提供支持，完成了对私人消费的再平衡。中国知道必须做什么去解决债务过剩、稳定房地产市场等一些结构性问题。因此现在的关键就是中国要保有政治意愿去实施那些改革。所以我仍然对中国非常乐观，虽然现在大多数人都更关注消极面，但我并没有。

王琳：您如何看待近期人民币的贬值？

罗奇：人民币近期的贬值在当下的中国是个大问题。这部分体现为特朗普胜利当选引发的最近美元的急剧升值。人民币强劲升值已长达近十年。随着经济体增长放缓，这显然把人民币从一个被低估的货币转变为一个被高估的货币。同时有一种担忧，就是人民币会开始贬值，然后就会出现分散资产风险的投资手段，就会出现很多对外收购兼并投资，跨境资金的流动从流入转变为流出，继而导致资产外流和外汇储备减少并形成货币贬值和资产外流的循环。这一困难让中国政府关闭了部分资本账户项目，来阻止进一步的货币贬值。这是很难的。

王琳： 您认为这是一个明智的选择吗？

罗奇： 我对此表示忧虑。我认为这是人民币国际化过程中的一个后退，是金融改革的一个后退。用短期调节措施来解决金融压力通常并不奏效，因为投资者会发现当调节措施结束的时候，会产生一波猛烈的重新开始贬值的势头。

王琳： 中国普通民众对贬值比较担心，对过去很长时间人民币的升值习以为常。现在人民币贬值，普通人开始在银行换汇，同时也在进行资产的海外转移和海外投资，来确保他们的资产安全。您对中国的公众有什么建议吗？

罗奇： 促进投资的多元化、在国内外有更多选择是很正常的。我认为这进一步强调了，中国资本市场的改革仍没有完成。我认为去年（2015年）和今年（2016年）初的股市受挫确实对中国股市的安全稳定提出了拷问。中国的房地产市场变成中国很多家庭独一无二的最重要的投资领域，中国政府正在抑制房地产市场泡沫。当前投资多元化在中国有很强的动力。所以我认为中国政府应该致力于为国内投资者提供尽可能多的各种投资选择。

王琳： 在中国提出"一带一路"倡议，美国撤销了跨太平洋伙伴关系协定（TPP）的情况下，中国未来在亚太区域一体化中的角色将会怎样？

罗奇： "一带一路"倡议是中国在泛地区一体化上提供强有力领导力的努力，解决区域间的基础设施建设的缺口，这正是亚洲开发银行等多边开发机构已强调多年亟待投入的领域。60多个发展中经济体以某种形式被纳入"一带一路"倡议中是不同寻常的。我非常支持这项支持发展、本地区受益的合作倡议。

可能会有一些人把中国的这些努力视为中国要接管全球贸易或全球经济的领导权，尤其是美国重点转向国内，现在又要拒绝通过TPP并实行其所谓的"美国优先"的倡议。但我认为全球领导力无法这么快地从一个国家转移向另外一个国家。就像我曾经说的，我现在仍要重申，全球领导力的起点是国内实力，只有一国国内发展强大，才可将自己的力量延伸至海外。但现在中国国内有许多问题急需解决，比如债务问题、银行问题、房地产泡沫、产能过剩等等。如果忽视这些问题，却把自己的力量延伸至海外就会很困难。聚焦国内对于当下中国来说非常关键，当然全球性的问题不应被忽视，但是搞混优先事项很有风险。

达成双边投资协定 中美会双赢

王琳：特朗普当选后，货币问题成为中美关系的热点话题。特朗普曾威胁上任后将中国列为汇率操纵国，您认为特朗普这一决定有坚实的逻辑基础吗？

罗奇：没有，这是错误的。包括我自己在内的很多人，都曾经公开讲过，现在的事实表明中国正在阻止人民币继续贬值而不是推动汇率下跌，中国一直努力减少经常账户的顺差，所以对中国操纵汇率唯一真实的证据仅来自中美之间巨大的双边贸易不平衡。即使是中美之间的贸易逆差，如果用全球价值链来计算，会很大程度地减少，中美贸易逆差很轻易地就会比当前公布的数据减少30%—40%。

王琳：特朗普指责中国的另一话题是贸易，他不仅表示会将"台湾问题"作为中美贸易问题谈判的筹码，而且还宣称要对美国进口的中国商品增加30%—40%的关税。如果美国真采取特朗普宣称的措施，对中美及全球贸易将有何影响？

罗奇：我并不认为他真的会这样做，至少不会设置那么高的关税。几个月前他的确在竞选中这么说过，但是很快就受到了很多批评。他现在表示，（增收）关税应该被用作最后的手段来应对中国、美国的不公平贸易。我真心认为，这些（宣称对中国增加关税的）措施会被撤销。

王琳： 您非常熟悉中国的政策制定者，在应对特朗普的经济政策以及他针对中国的言论方面，您对中国的决策者有何建议？

罗奇： 中国的政策制定者富有经验，非常成熟，在处理与美国或世界的突发事件时，中国决策者非常与时俱进。与特朗普交往的早期经验中很重要的是，即使他目前还不是总统，中国官员要开始认识到，接下来中美的谈判将比过去艰难很多，特别是在几个非常重要和突出的领域，比如中美双边投资协定的谈判过程需要更加谨慎和严肃对待。我认为，如果在特朗普任内能达成双边投资的早期协议，对中美将是双赢的局面。

王琳： 您对中美双边投资协定的前景持乐观态度吗？

罗奇： 现在对任何事持乐观态度都是很难的。我对此抱有希望，美国和中国都会认识到双方要想在这种协议上面达成一致，会经历一个非常漫长的过程，也可能扩散两国之间未来可能面对的艰难处境。

对特朗普经济班底"没信心"

王琳： 特朗普当选以来，美元一直走强。一个强有力的美元会促进还是阻碍特朗普的经济刺激计划和基础设施建设计划？

罗奇： 如果美元继续走强，可能会产生问题，因为这会在解决美国贸易平衡问题上造成困难，会对出口增长施加压力，也会使情况变得更加复杂。不过，特朗普威胁中国或任何其他国家进行贸易保护的时间越长，美元就越可能有贬值的风险，而不是升值。虽然这完全不是市场现在关注的风险，但我认为无法排除这一可能。

王琳： 在您看来，美元走强又会维持多长时间呢？

罗奇： 我认为没人能预测这个，预测货币是任何人都不可能做到的，我目前不知道。

王琳： 那么美元将会如何影响其他国家的货币呢？尤其是新兴市场国家的货币。

罗奇： 美元会对新兴市场国家的货币施加更强的下行压力，造成财政困难，就如同我们现在在中国看到的这样。

王琳： 您是否担心，这种货币的持续贬值会引发下一场区域或全球金融危机？

罗奇： 我们已经学会了当谈到金融危机的时候，永远不要说"永远不会"（Never）。我们曾经有过一段非常困难的时期，称为"削减恐慌"（Taper Tantrum），对很多新兴国家都造成了困难。现在市场消化了特朗普冲击，聚焦在强劲复苏和股市，美元的走强又被美联储未来一年的加息预期增强了。美元过冲也是永远存在可能性的，这就会增强新兴国家货币和经济发展预期所受到的压力。

王琳： 我们能说是那些在全球化和不平衡的全球贸易中被落下的人选择了特朗普并帮助他赢得了大选吗？

罗奇： 我不知道这是不是符合逻辑。对于全球化在美国工人就业和失业方面所扮演的角色始终有很多疑虑。这些言论中，有一些是符合实际可被证明的，但还有一些是夸大其词。这次美国大选的结果，很少来自于事实，更多来自于印象。特朗普非常成功的地方在于，将中产阶级的问题归咎于贸易、不好的贸易协定和全球化的力量。非常郑重地承诺会在执政早期从国会审议中撤销 TPP，不管是对是错，这是一个非常明显的信号，显示出特朗普非常坚定地认为，全球化是导致美国工人失业的原因，而这些美国工人和选民看起来认同他的观点。

王琳： 特朗普正在组阁，您对其内阁中的很多经济高官也比较熟悉。您对特朗普总统选择的经济班底有信心吗？

罗奇： 不，我没有信心。我对特朗普的经济班底和外交政策班底提出的问题是，他们在制定那些候任总统已经持有强硬态度的问题的政策上有多少自由裁量权？他们到底只是简单地去实施总统已经决定好的政策，还是他们被给予了自由和责任可以用不同的方法来解决这些问题？从目前看来，我觉得应该是前者，而不是后者。

外交部国际经济司副司长
刘劲松
中国愿与各国一同推进工业化进程

时间：2015 年 5 月 18 日

2015 年 3 月，国家发展改革委、外交部、商务部联合发布了《推动共建丝绸之路经济带和 21 世纪海上丝绸之路的愿景与行动》（下称《愿景与行动》），"一带一路"成为当前中国经济外交的重点工作。

"一带一路"与国际产能合作是什么样的关系？当下中国如何开展经济外交？政府能为企业走出去提供哪些支持？针对这些问题，外交部国际经济司副司长刘劲松认为，中国有信心也愿意为发展中国家的工业化提供"公共产品"，分享经验，共谋发展。他强调，当前中国经济外交的一项重要任务就是服务中国企业走出去。

作为丝路基金的董事之一，刘劲松认为，亚洲基础设施资金缺口极大，仅靠一个基金、一个银行都填不了这个缺口，各金融机构优势和侧重点不同，可以各尽所能。他还指出，中国企业家走出去难免要交学费，但最好少交学费。企业家需要有胆气到海外投资，但需要先做好家庭作业，采取各种措施甄别、防范并规避投资风险。

企业要弘义融利，不能见利忘义

王琳： 国务院刚发布了《关于推进国际产能和装备制造合作的指导意见》和《中国制造2025》，从经济外交的角度，您怎么看待"一带一路"以及基础设施互联互通、国际产能合作、装备制造业走出去之间的关系？

刘劲松： 在《愿景与行动》中提到了八个领域，基础设施互联互通是第一位的，还有贸易、投资、能源资源、生态环境保护、海洋、人文、金融。"要想富，先修路"，基础设施是古今丝绸之路畅通的基础。去年（2014年）11月8日习近平主席在加强互联互通伙伴关系对话会上特别指出了基础设施互联互通的重要性，他说，如果把"一带一路"比喻为亚洲腾飞的一对翅膀，那么互联互通就是血脉经络。

今天的"一带一路"与古代的丝绸之路不太一样。那时是驼队和商船带着货物来往商贸，今天不光是做生意，还要搞投资、办工厂。亚洲大多数国家还没有完成工业化，中国也还要到2020年基本实现工业化，只是比其他邻国快一些。中国领导人很有远见，中华人民共和国建立伊始就下定决心搞工业化，建立自己的工业体系，这样才能避免仰人鼻息，才能自强于世界民族之林。中国是工业体系最为健全的发展中国家，而且很多装备、技术在全球已经领先，经验和人才也很丰富。

在发达国家推进"再工业化"和发展中国家加快工业化的情况下，中国既要努力实现自身工业的转型升级，又要考虑工业化的国际合作。历史上，发达国家工业化的受益面相对有限，前几次工业革命是区域性的，仅仅实现了十多亿人口的现代化和工业化。亚洲需要联手推进自己的工业化进程，让欧亚大陆40多亿人口在区域合作进程中大体同步推进工业化。中国有这样的信心，也愿意提供这样的公共产品。中国搞产业园区、特区方面经验非常丰富，周边一些发展中国家则刚刚起步，缺少相关人才和经验，热切期待中国的帮助。

王琳： 中国的工业化发展过程中也暴露出一些问题，中国在进行国际产能合作的过程中，如何避免将这些问题传导给其他国家？

刘劲松： 中国的工业化的确是一个高度浓缩的进程。从来没有国家用三十几年的时间发生如此翻天覆地的变化，迅速成为世界第一制造大国。成绩是第一位的，当然这也带来一些问题，但这都是发展中的问题，其他工业大国也出现过。

我们确实已经意识到问题，所以强调"新型工业化道路"，一定要加快经济转型升级，尽量提质增效，减少污染，尽量保存农村里的乡愁。中国领导人一直在强调，中国是发展中的大国，也是学习型的大国。其他国家有值得我们学习的地方。比如有的国家坚持生态环境保护的理念，有的国家小微金融和私人银行做得不错，有的国家职业教育和专门技术挺有特色。中国的工业化要博采众长，保持谦虚学习的态度。这样的话，自己进步会更快，别人也会更尊重你、主动与你合作。中国的国际产能合作还要体现正确的义利观，企业要挣钱，但君子爱财，取之有道。企业要尽社会责任，要弘义融利，决不能见利忘义。

经济外交实实在在为中国企业走出去服务

王琳： 外交部开展经济外交，推动国际产能合作的侧重点在哪些方面？

刘劲松： 经济外交是外交的一个重要方面。新中国一直在做经济外交，包括打破西方的制裁封锁，跟南北国家做生意，也包括援外工作和各种区域经济合作倡议。《邓小平文选》中有一句话：中国是一个大的市场，许多国家都想同我们搞点儿合作，做点儿买卖，我们要很好利用。这是一个战略问题。在经济全球化的时代，在中国全面推进改革开放的新时期，经济外交的重要性凸显，经济和外交更加不可分割，国内经济发展对外交的需求更多更重，将国内经济资源有效转化为国际影响力的压力也在不断增长。

现在很多国家政要来中国，当然因为中国政治地位、外交作用的上升，更重要的是认识到中国经济的发展能给他们带来更多发展红利，希望一道做项目办实业。中国领导人也说，欢迎大家搭中国发展的快车。

"一带一路"不是一个空洞的概念，而是实实在在的举措，要有各类项目的支撑。比如说，丝路基金和亚洲基础设施投资银行都需要投入几百亿、上千亿美元的资金，主要用在境外做项目，丝路基金已经启动了巴基斯坦的一个水电项目。所以，中国经济外交现在是一个红火的时代，外交部责无旁贷要积极主动作为，为国家民族担当，体现中国特色、风格和气派，实践外交为民。前不久，外交部与河北省举办了以产能国际合作为主题的"蓝厅论坛"，用王毅部长的话讲，外交部现在就是要为各个省市"站台"，为中国企业走出去保驾护航。我前两天去了杭州，就是鼓励、支持浙江的民营企业走出去。他们做得很好，但有时缺乏一些信息，缺乏对境外风险和机遇的了解，对一些已出台的政策还不是很了解。

在这方面外交部与其他部门各有优势。外交部是国家经济外交的牵头部门，比较了解宏观的国家对外政策，我们在国外还有230多个驻外使领馆，他们在一线更掌握情况、了解信息，服务企业更直接。中国企业出去以后应该多到中国使领馆走走坐坐，与大使、领事、商务参赞见面、咨询，不要出了事才找使馆。我听到浙江企业反映说，使馆"门好进、脸好看、事能办"，这说明我们的工作得到了大家的认可。外交一定要接地气，一定要让老百姓觉得外交官就在身边，看得见、摸得着、能办事。

现在外交部设立了领事保护12308应急求助电话，使用率很高，效果很好，这只是创新之一。外交部和使领馆要为企业牵线搭桥，提供信息，更重要的是把双边关系做好做实，加强领事保护，为企业保驾护航，努力提升中国企业和公民在外的安全系数。再有就是搭台，帮助企业登台唱戏。通过组织各种会议，让中国企业家与外国政府主管官员、使领馆官员见面，直接交换意见和建议，找到更多商机，解决实际问题。我们还主张和支持将国内的一些论坛、博览会等"台子"办到境外去，让中国企业家在大型国际会议上锻炼胆气，培植人脉，打品牌、定规则。

提倡"银团贷款"和"组团出海"

王琳： 中国目前牵头的亚洲基础设施投资银行、丝路基金，以及国家开发银行、进出口银行之间，还有世界银行、亚洲开发银行，如何分工合作？是否会出现对某一项目都看好、都参与的情况？

刘劲松： 亚洲基建资金缺口极大，据说每年有六七千亿美元的缺口，要办的项目也很多，哪一个基金、银行都填不了这个缺口，所以必须大家一起做才行。我认为各个机构的侧重领域是不一样的，长处短处都有。亚洲基础设施投资银行顾名思义侧重亚洲的基础设施领域，丝路基金的投资范畴包括丝路沿线国家与股权投资，亚洲开发银行更侧重扶贫。

如果出现大家都看重一个项目，那就取决于业主的态度。同时也可以考虑国际上大型项目的经验，就是搞银团贷款，组成联营体。中国海外投资最近一些项目采用了联合竞标和联营体的形式。比如巴西油气项目就是好几个中国企业一起竞标和操作，成功了。我们鼓励中国银行、企业包括咨询企业、制造企业、基建企业形成合力，组成一个竞标集团，竞标以后也可以搞成一个上中下游产业链的衔接，搞中国产业园区，利益共享、优势互补、风险共担。中外企业也完全可以优势互补，有钱一起赚。

所以我认为最好不要大家争一个项目，真要出现这样的情况，也不见得争得头破血流，完全可以互利合作，皆大欢喜。

企业走出去既要有胆气，也要有风险意识

王琳： 关于中国资本在"一带一路"带动下出海，企业比较关注两个问题：一是资金安全问题，二是资金的有效使用。对于这两点，是否有提前的防范？

刘劲松： 无论境内还是境外，投资总是有风险的。不可能存在没有风险的投资。即使是一些政府支持的大项目，企业家也需要按市场规则操作，自主决策，承担自己的风险。还要看到，发达国家企业走出去初级阶段都要交学费，日本一些大企业早期在海外投资的成功率也不高。大家都需要交学费，关键是尽可能少交，不要重复交。

中国企业走出去已经达到一定程度，晋升世界主要投资国行列，成功案例很多，得到东道国与国际社会很多关注与赞誉。这说明中国人认真、勤奋、肯干，中国企业有跨国经营的能力，也说明中国政府在帮助企业走出去上是下了功夫的。中国企业走出去办的项目往往都是"硬骨头"，"走出去"的地方往往也比较艰苦，要么交通条件不好，要么有战乱，基础设施、法律政策不尽完善，风险自然比较高。

所以，中国的企业家首先要把握机遇，有胆气去做，另外需要采取各种措施甄别风险、防范风险、规避风险。首先要保障人身安全。有些风险通过前期调查是可以规避的。企业应该请一些国际知名机构或者当地合格的伙伴帮助做一些调研，国际上一般这笔资金占总投资的5%左右。舍得花小钱，才能赚大钱。

王琳： 对于"一带一路"加"一洲"非洲的观点，您怎么看，特别是从国际产能合作的角度去看？

刘劲松： 习近平主席在博鳌亚洲论坛上说过，中国张开双臂欢迎五大洲的朋友参与"一带一路"。欧亚大陆及其附近海域是"一带一路"的主要地理立足点，非洲、拉美国家完全可以用合适的方式"共商、共建、共享"，南太平洋地区是 21 世纪海上丝路的自然延伸。

浙江工业大学中国中小企业研究院教授
陈衍泰
国际产能合作大有可为

时间：2015 年 4 月

2015 年 5 月 16 日，国务院发布了《关于推进国际产能和装备制造合作的指导意见》，提出力争到 2020 年，与重点国家产能合作机制基本建立，一批重点产能合作项目取得明显进展，形成若干境外产能合作示范基地；推进国际产能和装备制造合作的体制机制进一步完善；形成一批有国际竞争力和市场开拓能力的骨干企业等主要目标。

同时明确了推进国际产能和装备制造合作的总体任务为，将与我国装备和产能契合度高、合作愿望强烈、合作条件和基础好的发展中国家作为重点国别，并积极开拓发达国家市场，以点带面，逐步扩展。将钢铁、有色、建材、铁路、电力、化工、轻纺、汽车、通信、工程机械、航空航天、船舶和海洋工程等作为重点行业，分类实施，有序推进。

王琳对浙江工业大学中国中小企业研究院陈衍泰教授进行了专访。陈衍泰就国际产能合作中哪些国家行业、企业将先行受益，企业与政府的角色，推进合作中的潜在风险与困难等问题进行了分析。

陈衍泰认为，国际产能合作不仅广大发展中国家会从中受益，有志于参与国际产能合作的发达经济体也可能从中受益。他强调，各国由于资源禀赋、发展政策等原因，具体受益的行业需要根据每个国家的情况做具体分析。

发达国家、发展中国家均受益

王琳：国际产能合作的核心是什么？哪些国家、哪些行业最能受惠于此？

陈衍泰：国际产能合作的内涵可以从企业层面、产业层面和国家层面三个相互关联的维度进行解读。

首先，企业是国际产能合作的微观主体和市场执行者，既包括大型企业（含国有企业和非国有企业），又包括中小企业（多数是非公企业）。他们根据自身的生产能力、国内外市场需求的匹配程度进行自主决策。

其次，在产业层面，（国际产能合作）是指根据产品的劳动分工程度和技术复杂度，不同国家在某个产业的产业间分工、产业内分工，或者产品内分工合作的过程。

再次，从国家层面看，国际产能合作通常超越了传统的、单一的国际分工模式（如国际贸易、国际投资和国际技术流动等），是跨越国家地理边界、包含产品分工合作、消费市场和生产要素市场的跨国合作模式。另外，需要特别指出的是，国际产能合作还应包括各合作方在技术、管理制度和标准等领域的跨国合作，（这样的合作）甚至还可能在一定程度上影响到某个行业的国际规划话语权等软实力。

国际产能合作是基于市场交易的原则，但中国倡议的国际产能合作还具有"中国特色"和中国传统价值观，例如"义利并举""合作共赢""开放包容"等特色。

不仅广大发展中国家会从中受益，有志于参与国际产能合作的发达经济体也可能从中受益。具体的受益国将包括亚、非、拉等传统的发展中国家，特别是有志于通过工业化推动本国发展的国家；同时还可能会惠及包括传统制造强国德国等在内的一批发达国家。

从产业看，参与国具有相对比较优势的行业以及各国拟重点鼓励支持的行业有可能受惠于此；但各国由于资源禀赋、发展政策等原因，具体的行业需要根据每个国家的情况做具体分析。从企业看，积极融入国际产能合作相关产业、具有国际化意识且善于国际经营和掌控风险的企业将可能从中受惠。

民营中小企业如何发挥作用

王琳： 民营中小企业在国际产能合作中能发挥怎样的作用？民营企业的需求、面临的困难，与更早一批走出去的央企、国企有何不同？

陈衍泰： 首先，包括中小企业、大企业在内的不同企业主体是现代产业体系的基本构成，民营中小企业在走出去过程中与大企业是上下游、产供销的关系，是国际产能合作不可或缺的重要组成部分。

其次，由于许多东道国的国内产业制度往往不完善，存在着各种风险，通过培育大中小企业"抱团取暖"、集群发展，有可能在东道国构建良好的产业生态系统，降低中国国际产能合作的风险。

再次，从中国国内的角度看，民营中小企业的国际合作对于提升民企的自身能力、区域产业转型升级具有重要意义。

另外，民营中小企业具有民间色彩的优势，以分散形式走出去容易为国际社会、东道国合作者所接受。

以浙江、广东、江苏和福建等地为代表的民营中小企业已经很好推动了中国的国际产能合作。据不完全统计，截至2014年年底，浙江籍在海外的华侨、华人约为 202 万，分布在全球 180 多个国家和地区，推动着中国与各国的国际产能合作。

调研发现，民营企业在开展国际产能合作过程中的主要需求和困难包括：一是普遍对于具有国际视野和技能的高端人才需求旺盛，但人才供应不足。二是民营企业海外融资难、融资贵问题突出。三是对于东道国的环境不了解，对东道国的投资信息需求旺盛；相对于央企、国企具有较大的企业规模和研究实力，民营企业更期待海外公共服务的支持。另外，民营企业在一些东道国的商务签证申请、正当海外利益保护方面，也面临着一系列困难。

走出去工业样板仍需完善

王琳：中国三十多年的工业化进程举世瞩目，但自身也仍然存在一些问题，在作为"样板"对外输出到发展中国家时，如何进一步完善，克服自身存在的一些问题？

陈衍泰：中国三十多年的工业化进程实现了西方工业化国家二百多年的历程，取得了令全世界瞩目的成就；但中国"压缩式工业化"的过程，也付出了极大代价，以至于出现了许多"不协调、不平衡、不可持续"的现象和问题，例如环境污染和生态破坏、产业处于全球价值链中低端、贫富差距、社会浮躁等。

"中国工业化样板输出"需要完善领域的解决方案，主要包括：第一，重视环境和生态保护，提升保护标准。第二，同时重视制造能力和研发能力的培育，特别是东道国内生能力的培育，帮助东道国建立自身的工业体系。第三，注重"工匠精神"培育，形成现代工业文明的社会心理和实业基础；重视中国企业的社会责任建设。

"产能过剩"是相对概念

王琳： 国外一直有人担心中国倡导的国际产能合作是将"过剩产能"与污染一起转移到其他国家，过剩产能与富余产能的区别是什么？如何说服并取得合作国的信任？

陈衍泰： "产能过剩"是一个相对概念，其与一个国家或地区特定地理空间的特定发展阶段紧密相连，通常是指产能利用率过低，造成人员、生产设备的闲置和成本的浪费。产能过剩并不意味着产能落后，如果与接收国需求匹配并避免产生负面的经济和生态问题，就不能说产能过剩有害。

"产能过剩"的概念是由美国经济学家提出来的，也最早在美国发生，并转移到欧洲；20 世纪 80 年代初，中国也从日本、美国、德国等引进大量其产能过剩的设备，尽管对输出国来说是落后和过剩的，但对于当时中国的发展却是非常急需和重要的。

事实上，无论是诸多传统产业还是新兴产业，当前中国的设备都相对先进；中国产能过剩是发展阶段中出现的产物，伴随着中国产业转型升级、地方阶段性过度投资等出现。

建议合作国根据本国发展阶段的实际工业化需求，进行成本收益计算分析，选择恰当的合作产能；另外，可建议合作国根据自身的国情，制定环境保护标准、知识产权保护强度等国内制度体系。中国政府、大学和研究机构可以同合作国相关部门，定期开展坦诚对话，建立互信交流机制。

政府做好裁判，不要兼职

王琳： 在推动国际产能合作中，如何避免企业间恶性竞争？政府应该做什么？不应该做什么？

陈衍泰： 市场恶性竞争是，企业运用远低于行业平均价格甚至低于成本的价格提供产品或服务，或使用非商业不正当手段来获取市场份额的竞争方式。这会导致利润率偏低或不可持续发展。容易出现恶性竞争的行业多是进入门槛低、生产企业众多、行业集中度不强同时需求又巨大的行业。

总体而言，国际市场上竞争在所难免，特别是寡头垄断型大企业经常采用恶性竞争手段来打击竞争对手，特别是中小企业。但对于本国同行业走出去的企业而言，可以通过一些策略尽量避免不必要的"非零和"国际恶性竞争博弈行为。

第一，走出去的企业，应注重市场细分和差异化营销，从自身核心竞争力积累入手，培育独特性。第二，注意做好同中国国内母公司的沟通和协调工作，特别是发挥行业协会的作用进行沟通和协调。第三，对于实力相当的大型企业在海外的竞争情况，可以通过鼓励，推动母公司的合并。第四，通过成立"海外商会"等海外中介协调机构，游说和鼓励"抱团发展"，形成上下游产业链共同发展，这也是日本大型商社走出去相对成功的经验。最后，政府可通过制定海外投资法律法规，针对中国海外竞争、海外投资行为等出台相关规则，并根据相关法律法规对中国海外企业进行规范。

针对中国企业海外竞争的问题，政府也应定位好角色，只做"裁判员"，不能兼职做"运动员"。

政府需要做的主要工作包括：针对中国企业海外投资行为（包括海外竞争）出台相关的法律法规，并做好公平、公正的"裁判员"角色。政府可以支持成立各级海外商会或行业协会，学习德国海外商会（IHK）的经验，发挥重要的中介作用。另外，政府在国内也可针对走出去企业母公司进行服务和监管，包括法律、税务等问题。

除此之外，政府应简政放权，将问题交还给市场来解决。

清华大学当代国际关系研究院院长
阎学通
"一带一路"概念应避免泛化

时间：2015 年 12 月 20 日

2015 年是中国国际影响提升、外交布局推进、发展战略对接的一年，世界权力的转移似乎在加快，全球竞争也呈现出许多新的变化。

回顾 2015，中国在国际格局中的角色发生了哪些变化？展望 2016，中国要解决好哪些外交问题？

为此，王琳专访了清华大学当代国际关系研究院院长阎学通教授。

阎学通于 2015 年 10 月出版了新书《世界权力的转移：政治领导与战略竞争》，全面阐述了道义现实主义的国际关系理论，并建议中国选择"王道"的崛起战略。

阎学通解释称，从道义现实主义的角度讲，崛起大国与当前主导国之间的矛盾是结构性矛盾，是不可避免的。中美两国结构性矛盾日益深化，但双方发生直接战争的概率下降。

阎学通指出，尽管美国的资源性实力（经济实力、军事实力、文化实力等）比中国强大，但美国政府没有很好地运用资源性实力，产生

44

的效率不高，因为美国的领导力弱，而中国领导力较美国强，带来的结果就是两国实力差距缩小。

展望 2016 年，阎学通认为，过去三年里中国外交取得丰硕成果，国家海外利益拓展速度快，对外关系有较大变化。2016 年需要巩固过去三年已经取得的外交成果，为 2017 年拓展我国海外国家利益奠定基础。

国际格局变化趋势

王琳： 2015 年国际格局呈现出哪些变化？预计 2016 年会有哪些趋势？

阎学通： 2015 年政治上最大的变化是中国的全球地位上升速度加快。

经济上，世界经济将进入长期低速增长已经成为目前大多数人的普遍认识。也就是说，大家对 2016 年经济转好不抱期待，对今后很长时间也不抱乐观态度。

安全上，2015 年对恐怖主义的认识发生了变化。2015 年恐怖主义对全球安全的威胁明显加剧。由此引发反思：为什么邪恶的、不道德的力量得以如此迅速的发展？武力反恐能否奏效？过去认为拥有足够的军事力量就能打败恐怖主义，目前持此观点的人有所减少，单靠军事力量打败恐怖主义是不可行的。普遍观点是，中东地区反恐需要依靠当地国家的力量，而非外部军事力量。

思想观念上，全球重新反思民主是否是解决所有问题的良药。正如英国前首相布莱尔发表文章《民主已死？》，他开始认识到民主的效率很低。福山在《政治秩序和政治衰败》一书中也否定了美国的政治制度，并重新反思市场经济能否保证经济从衰退中回升，重新反思以武力输出民主的做法是否能够带来安全。

中美实力缩小源于两国领导力不同

王琳：从道义现实主义的角度如何理解这些变化趋势？

阎学通：在国际媒体，特别是西方学界和战略界都认为中国的政治制度、意识形态、经济质量、科技创新能力、教育水平和军事力量都不如美国的情况下，为何能出现中美两国实力差距缩小的现状？道义现实主义针对这个理论困惑给出这样的解释：中美综合国力缩小源于两国政治领导力的不同。

尽管美国资源性实力（经济实力、军事实力、文化实力等）比中国强大，但美国政府不能很好地运用资源性实力，产生的效率不高，因为美国的领导力弱，而中国领导力较美国强，带来的结果就是两国实力差距缩小。

王琳：道义现实主义为理解中美关系的冲突、竞争与合作提供了怎样的理论基础？

阎学通：从道义现实主义的角度讲，崛起大国与当前主导国之间的矛盾是结构性矛盾，是不可避免的。不同的历史时代可以用不同的战略方法展开竞争。过去常常以战争的方式竞争，在今天的核时代，由于双方都担心核战争，从而通过和平竞争的方式进行。所以，中美两国结构性矛盾日益深化，但双方发生直接战争的概率却下降了。

道义现实主义认为，这种状态下双方竞争的是战略友好关系，战略伙伴变得尤为重要。争取到更多的战略伙伴和国际支持需要讲道义，所谓得道多助，其具体体现就是发展更多盟友。

王琳：2016年中国外交应处理好哪些问题？

阎学通：过去三年里中国的"奋发有为"外交取得很大进展，国家海外利益拓展速度快，对外关系发生了很大变化。2016年需要巩固过去的外交成果。发展战略合作关系是长期的工作，不是一鼓作气能完成的。2016年以巩固为主，可为2017年进一步拓展我国海外国家利益奠定坚实基础。

互联网治理要平衡自由与秩序

王琳： 互联网安全成为大国博弈制衡的新领域。根据道义现实主义理论，中国应该采取怎样的互联网安全观？

阎学通： 在互联网领域建立国际规范，关键是要在秩序和自由之间维持平衡。从某种程度上，两者关系具有内生的矛盾，具有零和性。自由度越高，秩序越不稳定。秩序越稳定，自由度就越低。所以，需要在两者之间维持平衡。

道义现实主义认为，自由多，秩序必然受伤害。秩序强，自由必然受伤害。因此，中国应该建立自由与秩序平衡的规范，保证最基本的自由，同时保证最基本的秩序。不可片面强调一方。

王琳： 您如何评价当前中国的互联网安全观？

阎学通： 我认为，中国提出的推进全球互联网治理体系变革的四项原则（即尊重网络主权、维护和平安全、促进开放合作、构建良好秩序），是有意义的。至少这四项原则为缺少规范的国际社会制定规范提供了基础，这是最大的贡献。在此之前，没有任何一个国家提出互联网国际规范的原则。原则是指导性的，如果连制定互联网规范的原则都没有，就不可能制定出具体的规范。

建立国际秩序要量力而行

王琳： 根据道义现实主义理论，中国应该如何参与重塑国际规则、世界秩序与全球治理？

阎学通： 道义现实主义的基本原则是：以实力界定国家利益，以道义界定国家战略。

对于中国如何参与重塑国际秩序，道义现实主义认为：第一，中国在参与国际秩序建立过程中推行的战略要符合自身能力，不能采取超越能力的做法。比如，在国际援助方面，联合国规定发达国家的援助标准是本国国内生产总值（GDP）的 0.7%，如果中国自己仍定位于发展中国家，那么中国的对外援助标准不应超过 0.7%。如果中国的年度援助超过了 GDP 的 1% 甚至更多，这就缺乏合理性。我们建立国际秩序需量力而行。量力的标准应是国内需要和国际标准的结合，要根据国内经济的增长速度和国际通行的标准而行。例如，在非战争下，大国的年度国防开支占 GDP 的 1%—2%，年度对外援助应低于国防开支的 50%。

第二，道义现实主义认为，大国推行建立国际规则，一定是主观为自己，客观为大家。政府是人民的代表，首先要服务于本国人民的利益，因此必须把本国人民的利益放在对外政策的首位，然后兼顾他国利益。不把本国利益放在首要考虑的对外政策是对本国人民的不负责任，因此是不道义的政策。道义现实主义认为，做到主观为自己，客观为大家，就是有道义的，不要做损己不利人的事。

王琳：中国在对外宣传自身外交战略和外交方式时，应该注意哪些问题？

阎学通：我们常忽略先贤对我们的告诫。老子讲，"美言不信，信言不美"。意思是说，好听的话不可信，可信的话多数都不悦耳。外交政策的对外宣示重在讲"可信的"而不是讲"好听的"。如果外宣的目的在于让别人相信，就不能说得太好听。太好听的话必然引起别人的怀疑。国际社会是一个无序体系，没有中央政府。在无序社会里，任何一国说他的外交政策是为了给世界做贡献都容易引起他国警惕，担心口号背后另有所图。而如果将对外政策说成是为了本国的利益，他国就会坚信不疑。

因此，中国的对外宣传工作应以宣传效果为引导，而非以宣传原则为引导。对外宣传的目的在于让别人相信中国是个好国家。如果宣传的结果适得其反，这种宣传就是破坏国家利益的行为。道义现实主义认为，所有的宣传应该是结果引导型，而非原则引导型。原则引导型的外宣容易导致负面结果，使国家政治利益受损。

王琳：从道义现实主义出发，中国对外经济合作中应秉持什么原则？采取什么方法？

阎学通：我们提出中国对外经济合作的原则是互助互利。我认为这一原则应当细分。道义现实主义认为，经济互助互利应该在实力相当的国家之间，是与发达国家合作的原则。对于实力弱于我们的国家，互助互利应不局限于经济领域。但与发达国家的合作一定是经济层面的互助互利。道义现实主义强调，国家实力界定国家利益的区别。因此，大国的战略利益比经济利益更重要，大国要为战略利益做出一些经济利益的牺牲，小国更多需要的是经济利益。这样双方就能达成合作互惠。

王琳：您提到，"一带一路"战略只是中国对外经济合作战略，不应成为外交战略，能否具体阐释？

阎学通：这是《中共中央国务院关于构建开放型经济新体制的若干意见》中的内容，"主动适应经济发展新常态，并与实施'一带一路'战略和国家外交战略紧密衔接"。我认为这一定位非常好。外交战略是解决政治关系的，"一带一路"是解决经济合作的。"一带一路"战略的项目必须从经济合作中获得经济利益。

应该区分"一带一路"战略与中国外交战略。中央的文章已经对"一带一路"战略和国家外交政策做了区分。前者是对外经济合作战略，因此相关项目是以经济效益为目标，也是以经济效益为成败检验标准。国家外交战略更多是实现国家的安全和政治需要，因此相关项目不能以经济效益为目标。当一个项目不能明确定位属于哪个战略的，就可能出现严重损害国家经济利益的现象。严格区分"一带一路"战略和国家外交战略应成为一项重要的对外政策原则。"一带一路"是对外经济合作，不是外交战略，定位明确后才能明确其具体目标、具体方针、具体内容。

王琳： 有人认为外交应包括经济外交，对外经济合作也是一种外交策略，您怎么看？

阎学通： 作为崛起大国，我国当然需要进行经济外交。然而，在对外援助方面，我国需要制定对外援助法。这也是依法治国的重要方面。对外援助法应该包括对外援助的原则和指导思想，也应包括援助的上限标准。现在有关对外援助缺少法律依据，援助多少也缺乏科学依据。

避免外交概念泛化

王琳： 您此前提到概念泛化的危害正影响着中国提出的外交战略，包括新型大国关系、命运共同体、"一带一路"概念的泛化。为什么会出现外交概念的泛化？应该如何避免？

阎学通： 外交概念泛化可能是不自觉产生的现象。当一个概念产生较好效果后，就想将其推而广之，忽视了当其泛化后，这一概念将失去作用。比如当前"新型大国关系"的概念。新型关系是相对于旧型关系而言的，如果我们与某国建立了新型关系，就意味着有些关系是旧型的。当我们说与所有国家的关系都是新型的，于是任何旧型关系都没有了，于是新型关系就变得没有意义了。任何概念的适用范围必须适度。只有适度才能发挥概念的最大效率。

王琳： 道义现实主义的诚信原则与概念泛化是否不一致？

阎学通： 道义现实主义特别强调战略信誉。战略信誉指别的国家认为你是可靠的。一国的战略信誉建立在"做什么"而非"说什么"之上。道义现实主义强调对外要"少说少承诺""多做能做到的事情"。道义现实主义认为，崛起大国要建立起国际战略信誉，最重要的方面是为周边国家提供安全保障，使其相信崛起国是可靠的国家。当崛起国的周边国家认为其在战略上不可信赖时，崛起国就很难在全球范围建立起国际战略信誉。

共建丝绸之路经济带

巴基斯坦外交国务部长塔里克·法塔米：
支持中巴经济走廊是全国共识

巴基斯坦规划发展和改革部部长阿赫桑·伊克巴尔：
中巴经济走廊对所有人都有益

埃及前总理伊萨姆·沙拉夫：
"一带一路"铁杆粉倡议筹建"一带一路"联盟

埃及驻华商务公使艾伊曼·阿里·奥斯曼：
埃及复兴路上的中国元素

阿富汗驻华大使穆罕默德·卡比尔·法拉希：
阿富汗积极参与丝绸之路　为赴阿中企提供便利与安全

意大利对外贸易委员会主席里卡多·蒙蒂：
融入亚投行才能有发展

法国驻华大使顾山：
中国是法国经济的巨大推动力

爱尔兰前总理约翰·布鲁顿：
爱尔兰可以成为"一带一路"的一端

巴基斯坦外交国务部长
塔里克·法塔米

支持中巴经济走廊是全国共识

時间：2016 年 12 月 30 日

中巴经济走廊被视为"一带一路"倡议的"旗舰项目"，自 2015 年 4 月中国国家主席习近平访问巴基斯坦启动中巴经济走廊项目以来，"比海深、比山高、比蜜甜、比钢坚"的中巴关系迎来政治、经济、文化多领域全面合作的新阶段。

中巴经济走廊下中国对巴基斯坦 400 多亿美元的投资，迅速改善了巴基斯坦的经济状况，增强了外界对巴基斯坦的发展信心。但同时，在民族宗教复杂、党派利益林立、恐怖形势严峻的巴基斯坦，对于发展资源的渴望也间接引发了不同党派控制的不同省份对中巴经济走廊建设的竞争。

塔里克·法塔米（Tariq Fatemi）是巴基斯坦总理纳瓦兹·谢里夫的外交特别助理，是除总理外负责巴基斯坦对外关系的一号人物。与法塔米先生两次相见时隔一年，中巴经济走廊建设中的机遇和挑战多已显现。法塔米直面中巴经济走廊建设中安全形势、党派协调、地区平衡、大国博弈等多个问题。

让步协商是睿智之选

王琳：请您分享更多关于如何协调统一来自不同省份、不同政党的官员一起来北京参加中巴经济走廊远景规划联合合作委员会第六次会议的细节。我听说这也许是巴基斯坦第一次派遣这么多省的首席部长为一次会谈来到外国。

法塔米：首先，王女士，作为一个中国人你应该很清楚生活中充满了需要磨合让步的地方。就比如我想要当一个富人，但其实我很穷。再比如我想要长得又高又帅，但我并不具备这样的先天条件。每一个个体、社会、国家都需要在不断妥协磨合中发展。如果不想妥协，那只有一个选择——自杀，但这也实在不是睿智的方法。

虽然我们说有磨合、有协商，但是在这个过程中，国家荣誉与尊严是绝对不能受到任何损伤的。在国家最高荣誉面前，没有任何让步可言。但是如果你是一个普通人走在路上，看到前方的路被路障挡住了，那你只好去别的地方购物。再或者说你想要去一家餐厅吃晚餐，可是那里没有空位了，那你只能选择去别家。生活就是这样，不是吗？

王琳：是的。

法塔米：这其实也是巴基斯坦现在遵循的一些处事之道。其实，通过让步来找到更好的替代选择并不是妥协。这其实是一个非常睿智的选择。如果回顾一下长征的历史和毛泽东主席的一些演讲，就会发现，他也会在一些不得已的情况下改变方针。不过这与本次访谈不直接相关，这只是一些个人分享。

中巴友谊拥有悠久的历史。许多不同的政党以及领导人都为这段友谊的发展做出了极大贡献。中巴友谊能够如此长久意味着什么？意味着在与中国关系的问题上巴基斯坦全国具有共识，任何人都不需要担心中巴关系。中国也有政治领导人的变更，如果我没有记错的话，现在应该已经到了第五代领导人了。在这期间，中国对巴基斯坦的外交政策曾有过任何改变吗？没有。对于巴基斯坦来说，我们有不止五次的政治更迭，我们有很多次的变动，人员、政党还有体系的变动，但是这其中有一条永恒不变的规律一直存在于巴基斯坦的外交政策当中，那就是中国永远是巴基斯坦最信任的好朋友，中巴关系不能有任何变化。中国在各个时期都曾慷慨支持过巴基斯坦，这也是中巴友谊能长存的原因。

所以有些言论说巴基斯坦对于中巴经济走廊抱有争议，不要去相信那些。巴基斯坦人民，第一，都非常支持与中国合作的快速增长；第二，都认为中国一直是巴基斯坦最信任的好伙伴；第三，中巴友谊有利于地区稳定和平的发展；第四，中巴合作需要扩展到更多领域，并且不断增强互助。

习近平主席来访巴基斯坦期间，中国与巴基斯坦签订了一些项目的协议，这些项目都不限于部分省或地区，而是帮助了整个巴基斯坦的发展。全巴基斯坦人民都能从中受益。

这一次我方代表团访华，代表团中不止有首都联邦政府的官员，还有各省的行政长官，一起来商讨中巴经济走廊未来的重大举措、目标和项目。我相信在中巴经济走廊问题上，巴基斯坦有绝对的一致性。我甚至都不知道任何其他的国家对任何事务或国家有如此高度一致的全国性共识。你知道当人们讨论起不同国家时，他们经常会持不同的态度。但是当讨论到中国的时候，在巴基斯坦不会有任何不同的意见。

现在我知道你接下来将会问什么了。其实你知道现在中巴友谊已经取得了很高成就，它在两国人民的生活中都占有重要地位。但与此同时，也会有很多国家对此感到不满。随着中巴友谊合作的日益发展，他们会感到十分忧虑，因此他们采取一些舆论误导的方法。因为他们不希望看到这段友谊如此牢固。但是对于巴基斯坦人民来说，这些舆论误导是没有作用的。

其实这些舆论误导也是可以理解的，这就是国际政治、国际关系的本质所带来的。这并不会困扰到巴基斯坦政府或人民，更不应该困扰到中国政府或人民。我们应该随时保持专注，专注于达成我们共同的目标。而这个目标是什么呢？这个目标就是不断巩固加强中巴友谊与合作。因为它对中巴双方都是十分有益的，它对周边地区都是十分有益的，甚至对全球范围内的和平稳定来说也是十分有益的。

中巴经济走廊资源各省均衡分布

王琳：我非常认同您说的巴基斯坦在中国问题、中巴关系、对中巴经济走廊的态度上是有积极共识的。但是其实也有些需要进一步磨合协商的问题，因为在这其中有许多不同的利益方。作为执政党以及中央政府的一员，您认为应该如何在中巴经济走廊发展的同时平衡各政党以及省份之间的权益关系呢？

法塔米：第一，之前的会议当中我们有各省的代表，但这次也像我之前所说的，我们有所有人民选举出来的行政长官（即首席部长）前来参加会议。

第二，巴基斯坦是一个联邦制国家，在这样的体系内，中央政府和地方政府可以由不同政党执政。那些宣扬中巴经济走廊项目只为旁遮普地区带来利益的都是不希望中巴友谊稳固发展的群体。为什么呢？因为有大概460亿美元的项目将会逐渐被落实。而这些项目都在哪里发展呢？它们很多并不在旁遮普，而在俾路支省。所有瓜达尔港及周边的项目在俾路支省，还有一小部分能源的项目。主要的高速公路建设计划都在开伯尔－普什图省，而主要的能源项目都在信德省。

中巴经济走廊资源均衡分布的其中一个证据就是，所有各省份行政长官都参加了昨天（2016年12月29日）以及前天（2016年12月28日）与中国国家发展改革委的会议。在这个会议当中他们都在不断地赞美中国为巴基斯坦所做出的贡献，他们也都认同中巴经济走廊项目对巴基斯坦经济发展至关重要。所以希望中方不要被某些不希望看到中巴友谊牢固的人散布的虚假舆论所误导。这是非常简单清晰的事实，因为如果你认真看过习近平主席访问巴基斯坦时签下的协议，你就会知道，最大收益的项目的承办地区并不是旁遮普。

昨天（2016年12月29日）会议上新签署的一些项目也不在旁遮普。有一些在信德省，还有一些在开伯尔－普什图省，特别是一些关于大众交通方面的项目。卡拉奇市将会有一套市内交通体系，信德省将会开发一个新的港口。开伯尔－普什图省会有一些交通及新能源开发项目。巴基斯坦虽然是联邦制，但仍然是一个统一的国家，拥有统一的人民，我们都认为与中国的友好合作是十分珍贵的。

所以如果你能读到一些西方媒体或者第三、第四世界国家媒体对于中巴友谊的虚假舆论，（一些舆论误导）就很容易理解了。因为他们看着中巴友谊日益牢固，由政治层面转化到现在的经济互利层面，他们是十分不开心的。要知道现在中巴之间已经不只是商谈或者辩驳了，我们是真的在一起为改变巴基斯坦的面貌而共同合作开发许多项目。巴基斯坦将会因此而变成一个更加繁荣而和平的国家，经济会迅速发展，就业率增高，新的产业、新的经济活动将会为巴基斯坦带来更多的出口机会。新修的高速公路及港口也为经济活动提供了更便捷的通道。

建立相关机制应对潜在挑战

王琳：中巴友谊久经历史考验，但一直多是维持在政治和文化的层面上，现在通过中巴经济走廊的建设要延伸到经济的层面上。同时中国与过去三十年五十年的样子也完全不同了，政府、企业和个人有不同的利益。所以也有些人会担心中巴之间由于经济利益而产生更多矛盾。这个矛盾不一定来自于政府，也许来自于普通经商者，或者企业之间产生利益冲突。并且在经济发展过程中不可避免地会产生贫富极端分化、拉大社会差距等问题。这是否会成为中巴经济走廊发展的一个潜在风险？可否采用一些机制来避免这一风险？

法塔米： 你问了一个非常深刻的问题，可以看出你对国际关系真的有很深刻的理解。

如果仅仅因为中巴有一个很好的历史关系，就阻止中巴企业进行经济合作，因为有些经济活动可能会产生意见分歧，这样是合理的吗？你觉得好朋友之间只坐下来聊聊天儿、喝喝茶，而不进行任何合作是合理的吗？其实交友、结婚、生子都是一些挑战，但这就意味着两个人的关系不应该进一步发展吗？生了孩子后会产生让孩子去哪儿上学的分歧，但因为这样就不应该要孩子了吗？不。这些挑战都是政府应该面对的，是政府的责任。

一些发表自己看法的群体，就像媒体、公民组织或政党等他们都应该肩负起责任，保证传递给大众的信息都是清晰准确的，尤其是在你将要参与到亿元项目当中的情况下。也许中巴双方企业都会由于对方的一些表现而感到失望，但应该因此就阻止双方进行合作吗？当然不！这些都是我们应该面对的很常见的挑战，同时我们也需要建立一些正确的机制，包括社会机制以及文化机制来解决这些问题。

而最重要的事情是政府必须要远离市场。这就是为什么在许多能源交通和基础设施建设项目中，参与的大都是私人企业及群体。中巴双方政府都将自己的影响限制在某些较敏感或重大战略领域当中。

举例来说，巴基斯坦政府没有参与到任何道路或能源建设项目当中，去与中国企业合作。中巴企业都在自行挑选彼此的合作方、决定条款和利益分成。这其中一定会有差异，会有对企业一些表现的失望、对利益分成的冲突。这都是很自然的。难道应该因为这些就阻止中巴合作吗？

我们是两个成熟独立的国家，并且拥有很长的友好合作的历史。我们非常自信这些难关都能被克服，同时全巴基斯坦的人民都如此相信。来参加中巴经济走廊远景规划联合合作委员会第六次会议的全巴基斯坦联邦政府及各省的行政长官就是最好的证明。

中巴经济走廊项目按时完成对巴经济至关重要

王琳：在安全上，我们知道巴基斯坦已经为保护在巴中国企业和公民采取了许多措施。但是从长远角度来看，安全保卫措施都需要经费，这就需要巴基斯坦军方或财政方，或者中国企业方来出资承担安全保卫成本。现在有没有一些为解决这个经费问题而采取的机制呢？

法塔米：我可以对你这个问题进行一个非常详细的解答。目前我们的纳瓦兹·谢里夫总理带领的政府采取的最强有力的措施就是，采取一些军事行动来打击激进分子。但是我想说，谢里夫总理是不同于他的前任的，他会在做出任何决策前先与国民达成共识。这其实也能回答你之前的问题，谢里夫总理一直以来都将各个群体加入到决策的过程中来，使得他们也相信自己能在这个过程中出一份力。

其实我应该早点儿提到这一点的，谢里夫总理并不是自己坐在办公室里做出关于中巴经济走廊的决策的。他邀请各个政党的首脑来一起商讨，这很重要，你的读者一定需要知道。他邀请他们来参加一次简述会，他详细介绍了中巴经济走廊的意义，可能存在的益处、弊端。

谢里夫总理还在国会当中建立了一个新的机构，由一个反对党成员领导，是巴基斯坦穆斯林联盟领袖派，他叫穆沙希德·侯赛因。所以其实这个政府会不断咨询不同政党的意见，会定期举行会议与不同政党共同商谈，并且在国会中建立了机制。你的读者一定要知道这个。

王琳：我之前也采访过穆沙希德·侯赛因先生。

法塔米：所以你也知道他，他是一个非常智慧的人。关于反恐的问题，在谢里夫总理下达出动军队镇压激进分子的决策之前，他同样与不同政党的人士商谈了。等到达成一个大家都满意的结论，已经过去一个月了，但我们仍然认为大家一起商谈至关重要。这比我们自己完成任务会好很多，所以我们就去做了。20多万人的部队被调配出去镇压激进分子，你能在世界上找出能为此付出如此多人力、物力的其他国家吗？

在联合国中有很多国家很喜欢做很长的演讲，但是有哪个国家做出了像巴基斯坦一样的牺牲？我们失去了上千的士兵，其中包括一些重要军官，但与此同时我们也捣毁了数千处激进分子的大本营、训练基地和交流中心。这一切都为巴基斯坦拥有更安全的环境做出了保障，这是第一点。第二点，为保护中国企业和公民的安全，我们特地建立了一支专门队伍。这支队伍当中都是最专业的士兵，他们紧密地观察情况，随时保护中国公民的安全。第三，我们随时与中方保持密切联系，系统性的联系以及个人的联系。我们与中方人员在中国的负责方保持密切联系，由此保证他们的安全状态。我们是随时与中国方面共同监督保护的。这就是我们现在正在做的。

至于花销，这其实有很多种计算方法。应该由政府和军方来共同承担这个花销呢，还是应该由企业来共同承担呢，还是说这个花销应该被算进整个项目最终的成本当中呢？这是一个比较细的问题。

现在总理关心的主要有几点：第一，我们必须完全保证对中方的安全保卫能够令他们满意。第二，我们必须时刻与中方紧密联系。第三，我们应该确保这些项目有稳定的进展。不应出现任何延期或由于外部势力所产生的分裂趋向。因为这些项目的按时完成对巴基斯坦的经济发展至关重要。

王琳：有一些在巴基斯坦的外国公司也十分向往甚至有些羡慕巴基斯坦为中国企业提供的安全保卫措施。就像许多美国的公司，他们也希望巴基斯坦能采取类似的措施保护他们的企业及公民。他们也认为这能进一步改善巴基斯坦的商业合作环境，增加巴基斯坦对海外投资的吸引力。您觉得巴方对于中国企业和公民的安全保卫措施可以延伸覆盖至所有外国企业和投资者吗？

法塔米： 保证所有在巴基斯坦的外国公民和巴基斯坦公民的安全是我们的责任。当我们在采取一些军事行动、处决激进分子的时候，这也自然为巴基斯坦创造了更安全的国内环境。所以所有人都能从中受益。

现在越来越多的国家都发现巴基斯坦是一个很好的投资地。巴基斯坦的人民也更加幸福了。如果你在巴基斯坦工作，你就可以看到在卡拉奇、拉合尔和伊斯兰堡，安全状况比过去改善了很多。卡拉奇过去曾经每天都会有恐怖袭击活动发生，现在变得平和美好多了，更多企业和商人前来投资。

通过采取这些反恐军事活动，我们打击一切激进分子的活动，打击一切种族、种类和来源的恐怖活动，不论他们从哪里来，是否是巴基斯坦人。所以现在巴基斯坦变成了一个更和平更稳定的国家。

打击一切恐怖主义是巴基斯坦的底线

王琳： 在恐怖组织和极端势力蔓延、恐怖活动增强的形势下，巴基斯坦如何应对新的反恐挑战？

法塔米： 其实我们采取了一个打击销毁一切激进分子的政策，不论这种恐怖活动有什么样的名号，是什么样的组织，有什么样的来源。

我其实不是一个反恐专家，但我知道的是我们的总理和政府坚决打击巴基斯坦境内一切性质的恐怖主义活动。这是底线，我们不是为了外国的利益来做这些。这是很重要的，我们不是因为某个国家告诉我们要去做才去做，我们是因为相信这是我们作为一个现代国家应承担的责任才去打击的。

作为巴基斯坦的政府，我们必须保证巴基斯坦境内没有恐怖主义活动。只有这样巴基斯坦人民才能过上更和平的生活，巴基斯坦才能变得更繁荣富强。

王琳： 最后一个问题，美国新上任的总统特朗普之前曾致电谢里夫总理，对谢里夫本人和整个巴基斯坦都有极高的评价。看起来现在美国也对中巴经济走廊、对与巴基斯坦建立友好关系充满兴趣，那么在下一阶段，美国的领导管理班底变化的情况下，中、巴、美三国之间关系会有什么变化吗？有没有哪些领域是您认为三国可以一起为地区和平做出贡献的？

法塔米： 首先我认为我们要等待美国的新政策，我不知道它会怎样，并且我认为由我来评价别国的政策十分不合理。我是代表巴基斯坦政府的，但我并不代表中国、美国或是其他国家的政府。所以我不知道如何评价。

巴基斯坦是一个热爱和平的国家，我们愿意与世界上所有的国家建立良好的关系。我们现在当然致力于建立经济及商业纽带，我们希望加强与别国的贸易经济合作，并参与更多的经济活动。任何希望与巴基斯坦合作进行经济领域活动的国家我们都十分欢迎。我们希望同美国及欧洲国家建立更良好的关系，对于那些我们已经有很好的关系基础的国家，比如中国，我们希望为我们的友谊添加更加实质性的因素，这样我们的良好关系就会更好地有益于双方。

巴基斯坦规划发展和改革部部长
阿赫桑·伊克巴尔

中巴经济走廊对所有人都有益

时间：2016 年 12 月 29 日

中巴经济走廊在超过 400 亿美元投资的带动下，已经进入快速推进期近两年。中巴经济走廊被中方称为"一带一路"倡议的"旗舰项目"，具有特别的示范意义，更被巴方看作发展经济、稳定社会、改善安全形势从而通往"亚洲之狮"强国之路的重要机会。

中巴经济走廊推进以来，中巴双方普遍关心的问题有三个：一是政治共识，如何能够联动团结巴基斯坦各党派和各省份共同投入到中巴经济走廊的建设中来；二是安全形势，作为受恐怖威胁危害最严重的国家之一的巴基斯坦虽然在过去三年专门进行了打击恐怖分子的特别行动，但在全球恐怖势力蔓延的情况下，如何保证本国人民和参与中巴经济走廊建设的中方企业与员工的安全成为一大挑战；三是时间与截止日期，中巴经济走廊分为早期收获和中远期项目，是中巴要合作二三十年的项目。但巴基斯坦现政府希望更多的中巴经济走廊项目，特别是能源和道路基础设施项目能够在 2018 年夏天巴基斯坦举行下一次政党大选前完成。

巴基斯坦规划发展和改革部部长、计划委员会副主席、中巴经济走廊远景规划联合合作委员会巴方主席阿赫桑·伊克巴尔（Ashan Iqbal）带领由巴基斯坦各省首席部长等组成的代表团来京参加中巴经济走廊远景规划联合合作委员会（下称中巴经济走廊联委会）第六次会议期间接受了专访，正面回应了外界普遍关心的政治共识、安全形势和截止时间等中巴经济走廊建设的重要问题。

伊克巴尔在专访中阐明了中巴经济走廊对稳定巴基斯坦局势和促进地区发展的重要作用，同时表示，欢迎各国投资者参与中巴经济走廊所带来的在巴投资机会。

有机会成为超大的统一市场

王琳：伊朗、俄罗斯、中亚等国家对中巴经济走廊都表示了参与的兴趣，中巴两国是否就其他国家如何参与中巴经济走廊做出安排？

伊克巴尔：中巴经济走廊是中巴两国的双边项目，但中巴经济走廊的辐射力度很大，还将让其他南亚国家以及中亚地区受益。因为互联互通的项目正在建设，地区的互联互通将能把地区各经济体联合起来。在我们南亚、中国和中亚地区，共有30亿人口。中巴经济走廊有机会将地区这30亿人口融合在一起成为一个超大的统一市场。因此，其他国家对中巴经济走廊也有了越来越强的兴趣，希望参与到中巴经济走廊的相关投资机会中。巴基斯坦的投资机会是对全世界所有投资者开放的，可以投资在中巴经济走廊之下建立的工业园区，可以用瓜达尔港来进行贸易，也可以沿着中巴经济走廊来建立物流供应链，这些都是欢迎的。这样的投资兴趣我们中巴两国都非常欢迎。我们中巴两国在这方面已经达成谅解，中巴经济走廊的扩大以及引入任何一方都需要中巴两国共同同意。

王琳：政治共识对中巴经济走廊非常重要。怎样进一步加强巴基斯坦各政党各省对中巴经济走廊的共识与支持？

伊克巴尔：所有巴基斯坦人民都欢迎中巴经济走廊，巴基斯坦各省首席部长悉数参加中巴经济走廊联委会第六次会议体现了巴基斯坦整个领导层对中巴经济走廊的政治承诺。这体现了巴基斯坦所有的省份、所有的政党对下一步中巴经济走廊项目的支持，我们希望通过在中巴经济走廊合作框架下加入更多省份的更多项目，让更多的省份参与到中巴经济走廊项目建设中来，中巴经济走廊的成果和红利将惠及巴基斯坦各个地方，将在巴基斯坦创造包容性发展。

巴基斯坦联邦政府和谢里夫总理非常关注巴基斯坦大多数欠发达地区，我们非常希望通过中巴经济走廊建设，俾路支省和开伯尔－普什图省偏远落后地区能联通到更多的投资机会来实现巴基斯坦境内和跨境贸易。我们希望能在巴基斯坦实现包容性发展。希望中巴经济走廊在各省更有力的政治承诺和支持下，能以更快的速度完成。我认为这次各省首席部长来华参会对投资者是一个很好的信号，表现出巴基斯坦团结起来支持中巴经济走廊的力度。

进展快于预期，走廊带来稳定

王琳：巴基斯坦为保护中巴经济走廊的安全与顺利实施，特别安排了近万人的安全保卫部队。中巴双方是否商谈确定了可持续的安全保卫投入资金来源？

伊克巴尔：巴基斯坦有责任提供并保障巴基斯坦的安全部署。我们从中巴经济走廊投资项目中来获取安全投入的成本，来保障安全保卫投入的可持续。目前的安全形势是巴基斯坦过去的问题造成的，我们希望接下来几年，巴基斯坦的安全形势能够达到正常水平。在巴基斯坦军方和相关安全部门的负责下，过去三年所采取的特别安全行动取得了杰出的成果，改善了安全形势。我们希望巴基斯坦的安全形势能够很快正常化，进而不需要再额外支出这部分安全成本。

王琳：最近，中国金融期货交易所和上海证券交易所等机构组成的中国财团入股了巴基斯坦证券交易所，您如何看这一投资项目？

伊克巴尔：中国财团购买巴基斯坦证券交易所股份再次证明了中国投资者对巴基斯坦经济的信心。巴基斯坦是一个拥有2亿人口的经济体，其中三分之二是年轻人口，近8000万的中产阶级，巴基斯坦增长动力和人口红利的吸引力很大。过去15年，巴基斯坦的经济潜力没有充分发挥出来，表现不佳，整个巴基斯坦是被低估的资产。如今人们发现当下是在巴基斯坦投资取得良好投资回报的好时机，很快巴基斯坦将成为被所有投资者珍视的投资目的地。率先到巴基斯坦兴业的投资者将首先获益，巴基斯坦各个领域都为投资者提供了机会。

王琳：您如何评价中巴经济走廊目前的进展？

伊克巴尔：中巴经济走廊的一大特色就是目前所有项目的进展都快于预期，项目的推进记录非常好。我们希望所有已经开工的项目都能及时完工，我们也希望此次会议能通过一些新项目，并能够尽快开工，希望能增加新领域的投资。通过中巴经济走廊联委会，能够开启中巴人文交流，加强媒体交流，进行电影拍摄合作、戏剧演出合作，让中巴两国的艺术家都参与进来。中文已经成为巴基斯坦最流行的外语，每个巴基斯坦年轻人都希望学中文，中国人对乌尔都语也越来越感兴趣。

王琳：一些国家担心中巴经济走廊会改变南亚地区的权力结构，造成地区的不稳定和不平衡。您如何回应这种担心？

伊克巴尔：中巴经济走廊对任何人都有益，因为中巴经济走廊带来了上百亿的投资。巴基斯坦所在的地区处于冲突与动荡中很多年了，没有中巴经济走廊的投资，巴基斯坦的经济无法稳定下来。稳定了巴基斯坦（经济）对地区的发展也是非常积极的，巴基斯坦的政治稳定与经济稳定发展息息相关，中巴经济走廊帮助巴基斯坦经济稳定发展，提供更多就业，同时还提供了区域合作的机会，南亚地区有更多区域合作机会对南亚的和平与稳定也很有帮助。因此其他国家无法忽视中巴经济走廊在这两个重要方面的积极作用。

我们非常荣幸，我们是亚洲基础设施投资银行（AIIB）的一部分，也非常有幸 AIIB 第一年的多个项目落地巴基斯坦。AIIB 是中国为世界发展做出的重要贡献，使很多发展中国家获得发展融资的机会，全球的发展融资正在缩减，世界银行、亚洲开发银行等其他国际多边开发机构无法满足发展中国家的需求。

埃及前总理
伊萨姆·沙拉夫
"一带一路"铁杆粉倡议筹建"一带一路"联盟

时间：2016 年 8 月 11 日

2016 年 8 月 17 日，中国国家主席习近平出席推进"一带一路"建设工作座谈会并发表重要讲话，强调要一步一步把"一带一路"建设推向前进，让"一带一路"建设造福沿线各国人民，同时就推进"一带一路"建设提出八项要求。

2014 年年初，中国提出建设"一带一路"倡议没多久，埃及前总理伊萨姆·沙拉夫（Essam Sharaf）就受邀到北京演讲。从那时候起，他就成为中国"一带一路"倡议的积极支持者。

2016 年 8 月，沙拉夫还积极与中国伙伴一起筹建非官方的"一带一路"联盟，激发引导更多国家加入"一带一路"。

沙拉夫表示，当前建设"一带一路"的很多活动正在进行，建立"一带一路"联盟是希望让更多国家参与进来，共同推出良好的政策、优秀的标准，国家之间形成良好和谐的伙伴关系。

要注重动员民间力量

王琳：您和赵白鸽博士提出了筹建"一带一路"联盟的想法，为什么有这样的提议？

沙拉夫：当前建设"一带一路"的很多活动正在进行，中国与巴基斯坦、伊朗、哈萨克斯坦、埃及等国都签署了价值上百亿的合作协议，包括基础设施建设和其他经济合作项目，但"一带一路"合作本身也是观念思想和文化上的合作，"一带一路"也是为了弥合当前现实经济发展的落差。

起初，参与这一联盟的国家数目可能会很小，但之后会增加很多的来自亚洲、欧洲、非洲的国家。我预想，"一带一路"联盟就像一个统筹委员会一样，去管理安排"一带一路"的一些活动。

而建设"一带一路"必须有人来兼顾组织管理规划这些活动，而不是对活动放任不管。如果有民间的力量来协调这些活动，我相信那对政府会是很大的支持。

"一带一路"联盟不是一个官方的政府间组织，基本上是民间社会组织。联盟本身和政府会有很好的联系，会和政府一起参与组织"一带一路"的活动。建设"一带一路"需要政府、个人和社会的各因素之间的良好合作。

王琳：您对于中国提出的"一带一路"倡议有怎样的期待？

沙拉夫：当前世界被一种不好的全球化所控制，急需一种平衡，多国一同努力实现商业和人性之间的平衡。不同文化中的人性是相同的。"一带一路"的重要性是使得国家和国家团结在一起，来真正平衡当前这种有敌意的、不可原谅的全球化。

中国与那些超级大国根本不同

王琳：您是中国"一带一路"倡议的坚定拥护者，但是一些国家对"一带一路"仍有一些疑虑和不理解。如何促进各方对"一带一路"倡议的理解与支持？

沙拉夫：一些国家对中国提出"一带一路"产生疑虑，是因为经济活动通常会分化一个社会，人们有时候会非常害怕一个国家控制另一个国家。

这其中主要的问题是，一直以来人们对于一些超级大国的印象很坏，因为他们粗暴地干涉他国内部事务。当一些人看到中国的时候，以为中国会同那些超级大国一样做。但中国其实有自己的原则，中国一直秉持和平共处五项原则，中国有很深厚的文明，非常看重人类发展共同需要的价值观。这是中国和那些超级大国之间的区别。

一些人对中国的忧虑通常会被其他大国煽动激化，因为一些大国不希望看到中国发展、世界稳定，不希望看到其他国家聚集在一起和平共处。因此这些大国试图对中国（"一带一路"）这样的新倡议提出很多质疑。

埃及驻华商务公使
艾伊曼·阿里·奥斯曼

埃及复兴路上的中国元素

时间：2014年9月

埃及驻华使馆经济商务处全权商务公使艾伊曼·阿里·奥斯曼（Ayman Aly Osman Hassan）在接受王琳专访时表示，中埃未来经济合作希望在于投资。埃及希望与中国建立相向而行的发展战略和愿景，埃政府愿意建立更完善的投资吸引机制，帮助中国企业在埃及落地。

埃及政府在2014年8月初公布了苏伊士运河新航道项目、新建3000公里公路、新开发100万费丹（埃及土地单位，1费丹约合0.42公顷，100万费丹约合42万公顷）土地等一系列发展计划，鼓励私人资本与外资进入新能源、电力、农业、高铁、公路、码头等大型民生基础设施建设。

奥斯曼介绍，经过两次革命，埃及新总统塞西就职，埃及形势趋于稳定，百姓逐渐接受了两次革命带来的当前形势。政府启动一系列经济改革与稳定经济发展措施，保证经济增长，恢复社会秩序，提高生活水平，保障社会公平。

奥斯曼表示，埃及区位优势明显，连接非洲和西亚，埃及政府支持出口导向型企业在埃投资，同时鼓励中国私营企业到埃及建立物流中心，充分发挥埃及紧靠非洲、西亚，面向欧洲的优势。

塞西总统的经济新政：鼓励投资和出口

王琳：塞西总统对未来埃及经济发展有何新规划、新举措？

奥斯曼：埃及制订了新的五年经济刺激计划。通过采取紧急措施、一揽子的惠免计划、降低财政赤字到9%、重新完善并改革投资法律、增加生产力避免财政收入减少五大支柱措施来实现经济的稳定。现在埃及需要改善整体的经济发展基础环境和结构，包括经济政策、经济发展重点项目、埃及人民对发展的决心和信心，创造新的人力资源等软基础，也包括供水、电力等硬性基础设施。目前埃及还采取了一些紧急措施来发展经济，提出新的反腐政策和理念，我们希望建立新的开发银行，不仅促进国内发展，同时涵盖面向不同市场的对外出口。将实施新的投资政策，吸引外国投资者到埃及投资。

埃及政府制订了完善的鼓励出口的计划和详细的步骤。出口过程更加自由，更加开放。政府给予出口企业优惠，避免关税累加和其他国家对埃及产品设置贸易壁垒。

政府采取不同措施和政策来增加对不同市场的出口。加快出口企业审批制度，对融资给予特别的优惠。支持建立出口导向产业。鼓励外国企业在埃及建立出口导向的生产线，在埃及生产的产品不仅能在埃及国内销售，也很鼓励出口。包括农业产品、纺织品、化工材料、工程设备、矿产、软件、皮革、医药等。

连接非洲与西亚，看好区位基础

王琳：中国企业到埃及投资有何优势和前景？

奥斯曼：埃及能够成为中东区域的经济中心，优势在于战略性的地理位置，可以通达非洲和西亚。埃及政府也在考虑中国市场，在埃及新的经济发展规划中，中国是重要的合作伙伴。在能源、建筑、铁路、港口、通信等不同的领域，都能够接受中国投资。中埃未来经济合作希望在于投资。

在埃及投资可以面向非洲的需求，埃及产品进入20多个非洲国家的市场都是免税的。另外，西亚北非的18个国家都与埃及建立了自由贸易协定，埃及生产的商品进入沙特阿拉伯、摩洛哥等国都免税。

如果在中国生产的产品运到非洲或阿拉伯国家，需要一个多月的时间，而如果在埃及生产，可能48个小时就能运到沙特阿拉伯、巴林、卡塔尔等国，到达利比亚、突尼斯、阿尔及利亚等北非国家也较便利，2—3天能够运到。

王琳：埃及如何看待西亚和非洲两个市场？是否有发展优先项？

奥斯曼：我也认为非洲市场与亚洲市场在需求、重点发展领域、当地环境等方面存在差异。但中埃投资的好处在于，如果一家中国企业在埃及设置分公司，有利于埃及产品到达中国及亚洲市场，也有利于中国企业覆盖非洲市场。

埃及对外国投资有很多优惠政策。外国投资者可以100%拥有资产所有权，不需要包含埃及的股份。有一个例外，负责从国外向埃及出口的贸易公司，埃及需要拥有不低于51%的股份，外国最多可以拥有49%。这是特例，但同时对中国公司影响较小，中国公司多进行投资而不是贸易。

天津泰达2009年在埃及苏伊士湾建立了专门承接赴埃投资的中国

企业的苏伊士经贸合作区，目前已经有 46 家中国企业在苏伊士经贸合作区内投资。我们希望创造更多经济活动，来吸引中国企业到埃及投资。

埃及希望建立更多模式的工业区，不同于已有的泰达模式，目前三四家大型中国企业考虑进行生产机械和工具的项目。利用埃及的战略位置，在埃及当地进行生产，销往西亚、非洲市场。

阿富汗驻华大使
穆罕默德·卡比尔·法拉希

阿富汗积极参与丝绸之路
为赴阿中企提供便利与安全

时间：2014 年夏天

阿富汗驻华大使穆罕默德·卡比尔·法拉希（Mohammad Kabir Farahi）在接受专访时表示，阿富汗积极支持参与中国提出的丝绸之路经济带计划。丝绸之路经济带是阿富汗特别关注的事情。

阿富汗支持"一带一路"

王琳：去年（2013 年）9 月阿富汗总统卡尔扎伊先生访问中国。今年（2014 年）5 月他来华参加了亚洲相互协作与信任措施会议（下称亚信会议）。在过去不到一年的时间里，总统先生两次访问中国，两国双边交往非常密切。有评论说中阿关系进入了一个新的时期。请问大使先生，为何说中阿关系进入了新时期，这个新时期有哪些特点，有哪些动力推动双边关系进入新时期？

法拉希：阿富汗和中国自古以来就有很好的关系。阿富汗百姓和中国百姓之间的关系，尤其是贸易关系，从几千年以前的古丝绸之路时期就已开始。过去 12 年间，中国为阿富汗提供了许多援助，在很多方面帮助了阿富汗，并与阿富汗进行合作。

阿富汗总统卡尔扎伊先生在过去 12 年七次访问中国。去年（2013 年）9 月和亚信会议时，卡尔扎伊总统与习近平主席和李克强总理谈话，双方强调了两国关系的主题是合作与发展，发展双方政治、经济贸易关系，以及中国在阿富汗加强投资，打开中阿关系新的一面。阿富汗一直认为中国是阿富汗可以信任的朋友，中国一直都支持独立的阿富汗政府，而且两国关系一直保持发展态势。

王琳：卡尔扎伊总统是非常优秀的政治家，对中国非常了解，是最早支持中国丝绸之路经济带计划的外国领导人之一。去年（2013年）他在西安参加欧亚经济论坛时发表的演讲中谈了丝绸之路经济带的发展。今年（2014 年）他在接受中国中央电视台专访的时候谈到了"中国模式"，说阿富汗如果有机会，应该学习中国的发展方式。您对此怎么看？

法拉希：在丝绸之路经济带这件事上，阿富汗也是丝绸之路的一部分。过去阿富汗是丝绸之路非常重要的一个走廊。几千年前，中国与中东、西方国家的丝绸贸易，都经过了阿富汗。上次习主席去哈萨克斯坦提出丝绸之路经济带倡议几天后，（2013 年）9 月 26 日我们总统就表示，阿富汗支持习主席的方案。在亚信会议期间，卡尔扎伊总统再次强调阿富汗支持这项计划。

总统说我们要学习中国人发展经济的经验。为此去年（2013 年）6 月，我们的经济部长专门访问中国，见了中国的很多领导，专门拜访了中国国家发展和改革委员会。

阿富汗联通中国与中东

王琳： 您去年（2013 年）来华出任大使，此前也参与对华交往，根据您在中国的亲身经历，您怎么看待中国的发展？中国发展的经验对阿富汗以及对其他国家有什么启示？

法拉希： 中国不仅在亚洲和本地区有其自身的形象，而且是世界第二大经济体。尤其阿富汗是中国的邻国，在整个地区中国的形象特别重要，我们所有的邻国和中国都保持着很好的关系。这些国家不仅仅是经济发展方面可以学习中国模式、中国经验，而且中国可以在这片地区的安全方面有很好的影响。

王琳： 丝绸之路经济带计划需要很多国家一起参与才能实现，阿富汗希望能够参与，那么阿富汗现在国内有没有什么战略或者发展计划能够和丝绸之路经济带建设对接或配合？

法拉希： 丝绸之路经济带将在世界上产生重大影响。这不仅是一条可以打通中国和中东、亚洲和欧洲的道路，而且还可以建设铁路、石油通道，开展商贸合作，这些都可以加入方案。

亚信会议期间，卡尔扎伊总统已经向习主席表示，我们希望有一条直接的通道，通过阿富汗连接中国和中东。我们也希望中国和中亚国家石油、天然气的贸易合作，管道能经过阿富汗。

王琳： 您刚才也提到，中阿两国间的贸易投资打开了中阿关系新的一面。那么现在中阿两国有哪些重点领域的投资，哪些项目会力推？

法拉希： 中国是阿富汗最大的投资国。中国在阿富汗艾娜克铜矿投资额最大。中国石油天然气集团公司（CNPC）在阿富汗北部还有投资石油。还有很多企业是中国和阿富汗合开的。中国和阿富汗可以在矿业、电力、农业、铁路、水电等方面展开合作，我们非常欢迎中国的企业去阿富汗投资，我们会给他们提供更多的便利和安全。

中国对阿富汗安全影响愈发重要

王琳：您刚才说中国对于亚洲乃至世界的贡献不仅在经贸方面，而且也在安全方面。2014—2015 年对阿富汗而言是非常关键的，在这关键的过渡期中，中国能在阿富汗和周边安全局势中扮演什么样的角色？发挥什么作用？

法拉希：2014 年对阿富汗来说是非常关键的一年，第一轮大选已经举行，6 月 14 日阿富汗举行了第二轮大选投票。国际军队今年（2014 年）年底都会离开阿富汗，所有的安全保卫责任都会交给阿富汗自己的军队。

现在阿富汗的军队和安全部都有着非常高的水平，阿富汗自己的军队负责 93% 的全国安全保卫，所有的军事行动都是阿富汗自己的军人展开的。一两个月后，全国安全保卫将 100% 交到阿富汗自己的军队手中。中国不仅在培训阿富汗的军人方面提供了大力援助，还协调阿富汗与周边国家的关系，这为阿富汗安全带来很大帮助，有很大影响。

王琳：刚才您说今年（2014 年）年末所有的外国军队都会离开，但是最近有媒体报道，就是美国总统奥巴马说，北约的军队会离开，国际安全援助部队会离开，但是美国驻军可能还要再待两年，您能否确认这个消息？

法拉希：阿富汗方面要求美国和北约离开阿富汗。北约和美国军人在北约峰会上表示他们今年（2014 年）年底都会离开阿富汗。不过北约和美国为了继续提高阿富汗军人的水平，给予更多培训，继续打击恐怖主义，他们希望在阿富汗建立军事基地。这一谈判从两年前开始，一直到现在。我们也从媒体听说会有一部分美军延迟两年离开，到 2016 年年底再完全撤离。应该是阿富汗的下一任总统会与美军签署安全条约，在条约里会加入这件事详细的计划。美方提出了他们的方案。

意大利对外贸易委员会主席
里卡多·蒙蒂

融入亚投行才能有发展

> 时间：2015 年 4 月

2015 年 4 月 2 日，意大利正式成为亚洲基础设施投资银行（下称亚投行）意向创始成员国，此前英国、瑞士、卢森堡、德国、法国等欧洲重要经济体也都正式进入创始成员之列。

意大利对外贸易委员会（ITA）主席里卡多·蒙蒂（Riccardo Monti）在接受王琳专访时说，世界多极化趋势对意大利和其他欧洲国家都恰逢其时。意英德法将成为亚投行创始国，融入其中，才能获得发展。

蒙蒂强调："意大利是一个机械制造大国，我们的企业在造桥、建筑等基础设施建设领域非常擅长"，"这正是意大利（加入亚投行）的（一个）初衷"。

可以说，亚洲乃至全球的基础设施投融资与建设所带来的市场和机会，是意大利、英国等欧洲国家加入亚投行的一个商业动力。

意大利作为欧洲仅次于德国的制造业中心，产业结构顺应了中国企业海外投资寻求先进技术和品牌的需求，特别是在欧债危机之后，意大利成为英国之外最受益于中国投资的欧洲国家，2014 年中国是意大利最大的外国投资来源国。

2015 年 3 月，中国化工集团公司收购意大利轮胎制造商倍耐力公司 26% 的股权，有望刷新中国国家电网收购意大利存贷款能源网公司 35% 股份创下的中资企业对意单笔投资总额的最高纪录。2014 年 10 月光明集团还收购了意大利萨洛夫卢卡橄榄油集团的多数股份。

作为意大利对外贸易委员会（ITA）主席，蒙蒂负责意大利中小企业在全世界的推广促进，并吸引外国投资。他认为，中意两国企业进行广泛合作正在成为可能。

除意大利本土并购之外，中国与意大利的合作已经超越了欧洲、亚洲双方的市场，还将共同开辟北非市场。

蒙蒂介绍，中意企业尝试在北非开拓第三市场，将首先在能源开发领域，因为非洲资源很丰富。然后是交通设施等，将意大利和中国的技术带到非洲国家，同时提供一些资金支持。技术、政治关系以及资金支持是一个好项目的必备要素。

意大利积极加入"亚投行"和"一带一路"

王琳：意大利同英法德三国宣布将加入亚投行。您认为意大利财政部做出这一决策的动力是什么？

蒙蒂：意大利是一个机械制造大国，我们的企业在造桥、建筑等基础设施建设领域非常擅长。同时值得注意的是，世界多极化趋势对意大利和其他欧洲国家都恰逢其时。意英德法也将成为亚投行创始国，融入其中，才能获得发展。这正是意大利（加入亚投行）的（一个）初衷。亚投行正处于起步阶段，强有力的管理措施将是必要的。同时，它将带来很多很好的项目。

王琳： 中国提出了"一带一路"，您认为意大利会加入吗？

蒙蒂： "一带一路"是非常具有历史意义的创举。它将中国发达地区与欠发达地区连接起来，同时，在中亚创造一个稳定环境。作为年轻的倡议意义非凡。我们也希望加入这一计划。意大利在几个月前与重庆建立合作。我们相信这将非常有利于我们企业的发展。

王琳： 据了解，重庆到意大利的火车"渝新欧"列车将中国货物带到欧洲市场，一些企业担心如何将货物带回亚洲市场，因为陆上运输费用相对于海运会高一些。

蒙蒂： 尽管存在运费问题，中国出口总额仍然十分巨大。中国有近2000亿美元的货物运往欧洲，海运费用比较低是正常的。这种担心可以理解，但是我相信，中国从欧洲进口高质量、高价值的商品，巨大的消费能力能够抵销掉一些成本。

王琳： 哪些种类的商品呢？

蒙蒂： 意大利食品在中国消费巨大。中国人在食品安全方面正在努力。意大利出口中国的奢侈品、纺织品、家具等的规模较欧洲其他国家其实很小，这也是未来几年可以发展的地方。同时，在航天、机械制造、绿色能源等领域也可以大有作为。

王琳： 与航空运输及海运的成本优势相比，您怎么看铁路运输的定位？

蒙蒂： 由于成本、路程等原因，铁路运输费用高是正常的。我相信，费用将会降低并具有竞争性。意大利愿意支付费用，因为走铁路到意大利将节省一半的路程。中意双方可以在这方面进行合作。

王琳： ITA 一直为意大利中小企业的发展服务，众多中小企业构成意大利企业的一大特色。请问 ITA 将如何帮助中小企业克服在开拓海外市场中可能遇到的资金不足、生产力疲软等问题？

蒙蒂： ITA 从多层面推进中小企业海外发展。首先，帮助其做好进入国际市场的准备，如培训、促进出口政策优惠以及网络化协作，即不同的企业组成网络，形成出口集群。其次，鼓励中小企业走出去，参加海外贸易展销会。比如，ITA 租下场地以减轻企业负担，将中国等各国顾客带到意大利与企业会谈，以促使他们出口，去海外市场寻求潜在客户。最后，ITA 致力于帮助更多的中型企业进行线上交易，实现在国内进行海外交易。目前，意大利有 20 万左右的出口企业，去年（2014 年）一年就有 2.2 万新增出口企业。

王琳：去年（2014 年），中国国务院总理李克强访问意大利时提出要加强中意两国创新合作。今年（2015 年）两会期间，他又强调，通过创新与创业拉动经济增长、推进各方改革。您怎么看中国企业的创新与创业？

蒙蒂：中国是一个企业大国。如今中国政府的新政策正在尝试重新调整大型企业经营方式，同时给予私人企业更多发展空间。意大利也曾面临过这样的挑战。ITA 帮助企业建立强有力的生态系统，意大利有众多行业机构，如塑料行业机构、木材行业机构等。所以，我认为中国可以借鉴意大利的行业机构模式。

中意广泛合作正当时

王琳：意大利一直是欧洲的制造业中心之一，中国目前也是全球性的制造大国。您认为"中国制造"和"意大利制造"能够融合在一起吗？

蒙蒂：第一，中国和意大利都正在努力生产高附加值的产品。正如中国领导人提出要帮助制造商提高产品质量和价值。第二，中意两国企业进行广泛合作正在成为可能。第三，意大利已成为许多中国企业海外投资的重要目标国之一，同时，在意投资的中国企业规模也正在扩大。

王琳：您认为在意投资的中国企业最看重什么？

蒙蒂：我认为经营环境的稳定性是中国企业最关心的。对此，意政府做出很多努力，如提高欧盟政策的执行效率。当然，美国、英国、土耳其等国投资意大利的企业也关心这一点。意大利政府正在努力营造更加友好、健康的投资环境。

意大利是中国的坚定支持者

王琳：意大利即将担任欧盟轮值主席国，意大利将在推动中欧贸易谈判上扮演什么角色？

蒙蒂：意大利是中国坚定的支持者，我们希望能够在中欧合作中获得利益。因此在欧盟投资政策决策过程中，意大利一贯致力于推动中欧双方合作。对此，我们也将继续努力。

王琳：在《查理周刊》恐怖袭击事件以及欧洲总统选举等之后，右翼势力在欧洲似乎有抬头之势，反欧洲或反欧盟声音不断，您认为这将对意大利和欧盟产生影响吗？

蒙蒂：意大利一直非常支持欧盟各项政策。在此事件之后，情绪化的声音遭到普遍批评。我不认为反欧洲或反自由贸易的声音在意大利会成为主流。近年来欧洲已经做出很大改进，如欧洲中央银行最近采取一系列措施以促进经济发展，改善就业状况，友好姿态显而易见。我相信，反欧洲或反欧盟的情绪将逐渐平息，意大利将会更加稳定。

法国驻华大使
顾山

中国是法国经济的巨大推动力

时间：2014 年 9 月 24 日

　　"（法国）在寻求更多合作方面，中国显得尤为重要：世界上 90%
的经济增长都来自欧盟之外的国家，其中 30% 来自中国。因此中国是
欧洲，特别是法国经济的巨大推动力。"坐在"中国红"沙发上的法
国驻华大使顾山（Maurice Gourdault-Montagne）身体稍稍前倾，双手
从扶手抬起，强调着说道。

　　法国新任驻华大使顾山于 2014 年 8 月下旬正式到任，9 月 24 日接
受了王琳的专访。

　　顾山大使告诉王琳，他的工作重心是"进一步深化两国经济关系，
加强在投资、商务、贸易以及各个方面的合作"。

　　顾山在 2002—2007 年期间是时任法国总统雅克·希拉克办公室外
交顾问，期间代表希拉克总统参加中法战略与经济对话。顾山说，中
法关系回到希拉克总统期间的亲密是他的一个期望，"在一定程度上
说已经实现了"。

在顾山看来，中法在医疗卫生、人口老龄化、食品安全等方面能做的还很多，在核能开发、健康、物流等领域，中法不仅能进行双边合作，还可以共同面向第三国或第三方市场。中法在英国的核能合作就是例子，同时非洲也有很多合作机会。

对于法国经济，顾山介绍，法国政府将采取税收减免和刺激企业创新的措施。"我们正在采取行动，使企业变得更强壮。请不要忘记，法国依然是位居欧洲第二、世界第五的经济大国；我们有不足，但正在采取有效的改革措施。"

作为一名资深外交官，顾山同时掌握印地语、乌尔都语和英语，并在 2012 年晋升为终身大使。他于 1998—2002 年，2007—2011 年，2011—2014 年年间先后出任法国驻日本、英国和德国大使。

他对王琳说："现在我来到了中国，中国代表着未来，有着年轻的建设力量，是世界的领导者。因此我希望尽我最大的能力在中国开展工作，并且我认为，对我而言，来到中国是目前最棒的事情。"

深化两国经济关系

王琳：您曾经担任法国前总统希拉克的外事顾问，也曾参与中法战略对话。现在您被任命为法国驻华大使，在未来任期内有哪些工作重点？

顾山：会有很多重点。从我为希拉克总统工作到现在，中国经历了很大的改变。中国是一个有着很大成就和雄心的国家；更重要的是，在世界和平与稳定进程中，中国起着越来越重要的决定性作用。因此，我的工作重心是进一步深化两国经济关系，加强在投资、商务、贸易以及各个方面的合作。

除此之外，还要加强公民之间的交往，因为两国关系的进展需要依靠人文交流来实现，我们必须更好地了解对方。可喜的是上周（2014

年9月第三周）两位中国副总理来法访问时涉及这些主题。马凯副总理到访法国落实了习近平主席对法国进行国事访问期间两国在经贸上达成的共识；刘延东副总理启动了法中高级别人文交流机制，并特别强调了青年在旅游、体育和其他方面交流的重要性。所以，我认为，两国现在正在一条顺畅的道路上前行。而我的工作重点就是尽我最大努力，促进中法之间更好地相互了解。

王琳： 您能说说对未来有哪些期待吗？

顾山： 有很多领域。当中法进行战略对话时，两国就已经在核能方面建立了伙伴关系；其间有起伏，但一个阶段遇到的阻力会在下一阶段顺利解决。另外，当年我代表希拉克总统与中方进行战略对话时，曾出席过一家法国企业的签字仪式，续签了十年的合作计划。还有其他领域，如医疗卫生，中法两国社会对医疗问题有着共同关注，两国在此领域都进行了相关改革。我们需要医院，需要疫苗，需要与传染病抗争，例如埃博拉病毒，这都需要我们去共同努力。协商合作方式也是近几次访问的成果，比如在非洲等第三世界国家进行合作。

我们正经历老龄化社会的问题，这个问题在欧洲很普遍。虽然目前在中国还不明显，但随着生活质量的提高，人的寿命延长，老龄化问题就可能在未来出现。因此，如何针对性地处理这些问题，我们需要交换意见。以上这些都是立即落实的。还有一些潜在的合作机会，比如食品安全方面。两国在肉制品及其保存、乳制品方面已经有了一定的合作经验，这些方面的经验具有高度的可操作性。虽然其他国家在这些方面同中国也有合作，但法国是有农业基础的国家，所以我认为在成为工业和农业大国方面，两国有着共同的目标。

王琳： 希拉克总统对中国十分了解，中国人民也很喜欢他。在他任职期间，中法关系到达了顶峰；之后两国关系有过一些曲折和退步。而现在我们进入了中法关系的新时期。您对中法关系的未来有什么期望吗？您认为两国关系会回到希拉克任期时的亲密吗？

顾山： 这也是我的期望，但我认为这个期望在一定程度上说已经实现了。奥朗德总统去年（2013 年）访华取得了很好的效果；今年（2014年）3 月中国国家主席习近平访问法国，前些日子两位副总理访问巴黎，在之前我已谈到两国在若干个领域签订了中长期合作协议，这都给我们描绘了一个未来发展的蓝图。因此我认为我们正在重建两国之间的信任和信心。当然，这需要长期的努力，但我有信心，我们会取得好的成绩。多亏中国人民的努力和耐心，我们幸运地熬过了低潮；我也将贵国国家主席访问法国视为一次突破。

欧盟内部存在竞争

王琳： 随着中国经济的发展，中国同法国以及其他欧盟国家的贸易和投资合作逐渐扩大。但也有人担忧，中国崛起和强大，中法和中欧关系中的竞争会加剧。在您看来，未来中法和中欧关系之间会有更多的竞争还是合作？

顾山： 竞争和合作并不对立。欧盟内部的利益和竞争是存在的，比如欧盟的商贸关系并不涉及所有成员国。目前我们正在商议投资保护协定的签订，这对于中国和庞大的欧洲市场十分重要。5 亿人口相对13 亿人口来说自然是少一些。但这仍然是一个大数目。欧盟是全球最大的经济体，排在美国之前。欧盟中的欧元区，贡献了欧盟 80% 的经济力量。其中法国和德国处于领头位置。所以在协商投资保护协定时，相当于同时和这些经济区协商；如果能够达成一致，这对中国和欧盟都会是有利的。而这并不影响双边关系的建立。必然会有国家和中国合作更多，获益更多；我们彼此是竞争者，在自由市场我们也需要相互竞争。法国有自己的优势，德国和其他欧盟国家也有各自的优势。我们有合作的优势领域，比如能源；而在其他国家拥有的优势领域，我们也要努力做到最好；每个国家都是如此。

王琳：的确，法国在很多领域是最强的，也是欧洲政治和经济的"领头羊"。但现在法国的经济似乎表现得并不是太好，在欧洲失去了一些市场份额，竞争力也有所削弱。甚至一些人将法国现在的经济和意大利相比。法国应该怎样强调自身优势并做出结构调整以加强经济实力？

顾山：这是个很好的问题。首先我们绝没有低估意大利。是的，法国的确经历了经济上的低谷，但现在正迎来社会的新阶段。我们有在国外受过教育的青年，有准备就绪的新兴力量。我们必须弄清楚进行各项改革的原因。首先，我们有负债，所以必须落实国家预算，这也是我们正在做的事情。我们知道本国工业减弱竞争力；在过去的两三年间，政府已经采取相关措施，努力提高企业生产力。我们有很强势的高科技企业，并大部分在中国设有分部；但也有一些中小企业需要一定的帮助才能适应世界市场的竞争。因此我们要做的是减少并转移税收；总统已宣布将削减 500 亿欧元的国家预算，与此同时，在未来三年，企业征税将减少 300 亿。这一举措将增加企业收入，并增强在国际市场上的竞争力。总之，我们正在采取行动，使企业变得更强壮。请不要忘记，法国依然是位居欧洲第二、世界第五的经济大国；我们有不足，但正在采取有效的改革措施。

王琳：除了减税和退税措施外，还有没有其他的措施？

顾山：我们还有刺激企业科研创新的措施，例如企业进行研究创新，会给予一定程度的税收减免。这是在法国纳税的企业享受的一项很特别的政策。另外一项政策是，对投资科研创新的企业可以延迟缴纳税款。

中法探索三方合作

王琳：您提到了中法在非洲等第三市场的合作，除了双边关系外，促进三边关系发展合作。在非洲，中法都有各自的优势。在您看来，我们在哪些领域可以开展合作？以怎样的方式合作？

顾山：我觉得中法在非洲等第三市场有很多可能。法国和非洲已有相当长的合作时间；中国企业现在也来到了非洲并受到了欢迎。在具体领域，例如健康、基础设施、物流、通信等都有非常多的例子。在过去的 30 年我们与第三国或第三市场在能源方面有着密切的合作，特别是在核能这一敏感关键的合作上，中法从未失去过对彼此的信任。在英国，中法合作的第三代核能企业将会落实，还有中国的科技以及投资参与。我们正进入中法合作的新阶段，合作不再局限于双方领土，更扩大到欧洲其他国家。这非常重要。

王琳：除了英国，还有其他中法可以共同合作的能源市场吗？

顾山：从英国开始吧，这是个最大的挑战。但我坚信，在英国市场上，我们能够取得和在世界其他市场上一样独一无二的成就。

王琳：关于欧盟的微观经济现状，外界对法国领袖有着更多的期待。关于欧盟走出危机实现经济复苏，您觉得法国在其中起着怎样的作用？

顾山：目前欧盟的经济增速缓慢，不仅在法国，其他国家也是。（法国）在寻求更多合作方面，中国显得尤为重要：世界上 90% 的经济增长都来自欧盟之外的国家，其中 30% 来自中国。因此中国是欧洲，特别是法国经济的巨大推动力。但我们也需要注意，法国和德国是欧洲的发动机，两国代表了欧盟 47% 的经济力量：德国 27%，法国 20%。因此法德关系对未来欧洲发展和稳定至关重要，不能被忽略。

中国代表着未来

王琳：在中国之前，您先后担任过法国驻德国、日本还有英国的大使。对于此次就任驻华大使，您认为有何不同之处？或者您认为之前的经历对您就任驻华大使有哪些帮助？

顾山：这四个国家非常不同，有着不同的文化，在历史上也有着各自的影响力。我们和英国的关系历史悠久，从过去的敌对关系直到 19

世纪末才走向和平。我们和德国有过很多次战争；法国革命后，我们也有着共同的理念。日本又是另一回事了，中国人民了解日本，日本也是法国的伙伴之一。在每次的任职中，我都努力做到最好。和不同国家的人一起工作，我也学习到他们的文化。这些国家国力强盛，发展经验丰富，也经历过历史的曲折。现在我来到了中国，中国代表着未来，有着年轻的建设力量，是世界的领导者。因此我希望尽我最大的能力在中国开展工作，并且我认为，对我而言，来到中国是目前最棒的事情。

王琳：目前有很多中国游客到法国旅游，也有很多中国投资商和企业家在法国做生意。为了让他们更好地了解法国，促进两国合作，在法国有更好的经历和体验，您有什么建议吗？

顾山：首先，中法两国人民在文化上是很亲密的。中国人民了解法国的历史和文化，了解法国人民的想法和愿望。所以我认为相比其他国家，中法之间的合作会更加容易。中国人在法国会受到欢迎，因为我们清楚中国对法国和世界的贡献，中国是一个积极向上的国家。所以，我希望中国人能将他们对法国的印象汇集在一起：法国既是浪漫的国家，也是高科技的国家，有未来发展潜力，充满创新。我们想和中国一同分享我们的浪漫和科技，共同进步。

两天前，我在上海会见了一家法国驻中国公司的负责人。我很惊讶地发现那家公司已经把总部搬到了中国。因为我们需要身处世界的中心：中国不仅有一国的市场，更有世界的机遇。我希望会有更多的中国学生来到法国。目前法国有 35 000 名中国学生；到 2020 年，我希望中国学生能增加到 80 000 名，不论是就读商学院还是综合大学。他们代表着未来，会为两国发展做出贡献。总之，我希望中国人在法国感到舒适和愉快。

爱尔兰前总理
约翰·布鲁顿

爱尔兰可以成为"一带一路"的一端

时间：2016 年 12 月 9 日

在欧盟成员国中推行最低企业税率（12.5%）的爱尔兰一直是苹果、微软、谷歌等科技企业设立全球销售或欧洲运营子公司的理想之地。英国民众公投脱离欧盟，作为欧盟内唯一以英语为母语且同时具有普通法系传统的欧盟全权成员，爱尔兰将成为更多外国资本包括中国资本进入欧洲市场的门户。

爱尔兰前总理约翰·布鲁顿（John Bruton）曾担任欧盟驻美国大使，他认为，中国正在以不同的方式向欧洲进发，一些中国家庭也有在这些国家获得居住权的机会，中国现在对美国等其他国家很感兴趣，不只是欧盟，但并不是所有国家都像爱尔兰一样提供这么好的机会。

他认为，英国脱欧可能会给爱尔兰提供很多机会，可能会把目前在英国的一些产业吸引到爱尔兰，尤其是在金融服务领域。脱欧对英国来说可能是一个失误。

在美国候任总统特朗普的当选已给跨太平洋伙伴关系协定（TPP）

判了死刑，欧洲与美国此前在谈判的跨大西洋贸易与投资伙伴协议（TTIP）也希望甚微的情况下，布鲁顿认为，中欧应该更加深入探讨中欧双边自由贸易协定的可能性。在美国实行"美国第一"的原则下，欧洲国家应该减少对美国的依赖，应该更加独立。

英国脱欧为爱尔兰带来机会

王琳： 英国脱欧，特朗普意外当选，这给爱尔兰未来发展带来哪些机会与挑战？

布鲁顿： 原本一些（企业）在英国设立产业和服务是想获得欧盟的市场准入和保障基础，现在英国可能不再具有提供这些欧盟市场准入的可能性。因此他们在寻找一些相似相近的地方，重新设立他们的产业或工厂以进入欧盟市场。而这个与英国非常相近的地方就是爱尔兰，相同的法律制度，相同的语言，地理位置非常接近，他们的一些员工可以毫无困难地从英国转移到爱尔兰。所以我认为英国脱欧可能会给爱尔兰提供很多机会。英国脱欧可能会把目前在英国的一些产业吸引到爱尔兰，尤其是在金融服务领域很有吸引力，所以我觉得英国脱欧对英国来说可能是一个失误。

王琳： 您曾在欧盟任职，还担任欧盟驻美大使，您认为，下一步，英国脱欧将会采取什么方案？

布鲁顿： 我认为最好的选择是英国对于脱欧这一决定再仔细考虑一下。因为直到现在，在做出脱欧的决定之后，英国才真正对这一事件进行严肃讨论，讨论脱欧到底意味着什么。对于英国如果真的脱欧会导致什么情况这一问题，英国在公投前就有很多讨论，但这些讨论往往并不符合事实，也不会真的发生。

现在，我认为英国人民变得更加现实了。而我必须指出的是，脱欧这一事件发生在（2016 年）6 月，但在 9 月做的一项对英国人民的意见调查中，55%的英国人民认为英国留在欧盟中受益将会更大，认为这是一件好事，只有26%的英国人民认为英国留在欧盟中是一件坏事。这暗示了一种可能性，就是如果英国脱欧后的一切细节在公投之前被展现出来的话，英国人民可能不会做相似的决定。所以这是我觉得应该再重新考虑一下的原因，因为这允许一些人去改变想法，但还有一些人拒绝用公投来做重大的决定，这些人的想法是很难改变的。

英国撤销脱欧可能性非常小

王琳： 那么您认为英国撤销脱欧的决定这一可能性到底有多大呢？

布鲁顿： 我认为这个可能性非常小。现在我只能说这一可能性只有15%。我认为英国可能会承受这一结果，即使这是一个错误。但15%也是很值得努力一下的，因为可能会把脱欧公投的结果变得更好。

至于该如何应对那些担忧，我认为所有的市场都需要规则，但在制定规则的时候，你需要一些大家都赞成的人来裁定这些规则。困难的是，如果英国离开了欧盟，但又想获得欧盟市场准入的话，谁来制定规则呢？谁又来解释这些规则？人们不能基于感觉来裁定这些规则，不能在同一个市场中有两种规则。就像在两队踢足球的时候，不能一方使用一种规则，而另一方使用另一种规则。

而英国在欧盟中受益的原因之一就是这是一个统一的市场，有单一的原则，而且有单一的裁决方就是欧洲法院。这个概念在公投之中没有被认真考量，我认为如果英国人仔细地思考这件事的话，他们会知道如果英国要离开欧盟，想要获得单一市场准入的话，他们必须接受这些规则，接受这些裁定。

英国首相特蕾莎·梅已经表示，公投的结果是英国会离开欧盟，她决定坚决执行这个决定，包括离开欧盟的关税同盟，脱离欧洲经济区，这都是超出公投的决定范围的。但这就是现在执政党的决定，做出比公投更多的选择。政治家经常做出错误的决定。

王琳：特朗普的当选宣告了 TPP 和 TTIP 的破产，对此欧洲应该如何应对？

布鲁顿：中欧现在应该更深入地探讨中欧自由贸易区谈判和双边投资协定的可能性了。

欧洲国家应该减少对美国的依赖而变得更加独立，整个世界都应该减少对美国的依赖，美国的原则当然是美国利益优先，但如果他们这么做了，世界上的其他国家，也应该把自己的利益放在优先地位。

不像英国脱欧是一个很难逆转的过程，美国改变政策倾向可能性更大，甚至不需要美国总统的更替，就可以直接改变美国的政策。这可以在两年之内发生，这个要比改变英国脱欧简单得多，而公投的决定就很难改变。

王琳：您此前提到，爱尔兰或许可以加入中国提出的"一带一路"倡议，为什么？爱尔兰可以在"一带一路"倡议中扮演什么角色？

布鲁顿：爱尔兰是一个岛国，无法提供从爱尔兰到中国的以陆地为基础的相接，中国"一带一路"的选择大部分线路都在陆地上。但爱尔兰正在非常努力地发展从爱尔兰到中国的航空路线，而且考虑到中国人除了汉语以外的第二语言是英语，相比其他母语是葡萄牙语或荷兰语的地方，爱尔兰对中国人来说是一个更容易开展欧洲之旅的地方。

共建 21 世纪海上丝绸之路

印度尼西亚驻华大使苏庚·拉哈尔佐：
"一带一路"倡议对接"全球海洋支点"计划

中国驻斯里兰卡大使易先良：
"一带一路"的项目一定要走得稳、走得实

印度助理财长迪内希·夏尔马：
基础设施投资为资本提供安全去处

迪拜国际金融中心执行官艾萨·卡辛姆：
迪拜向东看　南南走廊承接"一带一路"

印度尼西亚驻华大使
苏庚·拉哈尔佐

"一带一路"倡议对接"全球海洋支点"计划

时间：2015 年 4 月

2015 年 4 月 22 日，中国国家主席习近平在印度尼西亚出席亚非领导人会议和万隆会议 60 周年纪念活动期间，与印度尼西亚总统佐科会见，并见证两国高速铁路项目合作文件的签署。

印度尼西亚驻华大使苏庚·拉哈尔佐（Soegeng Rahardjo）在接受专访时指出，中国对印度尼西亚的投资将呈现几何级数增长。希望"一带一路"倡议能够作为印度尼西亚"全球海洋支点"计划的有效补充，促进印度尼西亚港口、桥梁、机场、公共交通、高速公路、铁路以及发电厂的建设与发展。

印度尼西亚作为东盟第一大经济体、人口最多的国家，经济潜力旺盛，也被认为是新兴经济体中继中国与印度之后最有潜力的"新星"。"千岛之国"的印度尼西亚对中国提出的 21 世纪海上丝绸之路快速响应，同时积极参与亚洲基础设施投资银行（下称亚投行）的筹建。

因为从经济体量和未来发展机会上来说，雅加达可以是个好选择。拉哈尔佐建议亚投行在东盟的总部雅加达设立代表处。

产业园、工业园的合作是中国、印度尼西亚合作以及"一带一路"倡议中产能合作的首选方式。

拉哈尔佐大使表示，"一带一路"倡议实施不会仅停留在发展海上丝绸之路国家的基础设施建设，还会包括提高沿线国家的生产制造能力。

简化流程吸引中国投资者

王琳：习近平主席访问印度尼西亚有何亮点？

拉哈尔佐：习近平主席访问印度尼西亚不仅有助于加强印度尼西亚和中国双边合作，而且体现了中国对发展亚非合作做出的承诺。

习近平主席将借亚非领导人会议的机会为"一带一路"倡议获取支持。印度尼西亚非常看好此次出访，因为"一带一路"倡议为加强亚洲地区以及亚非协同合作提供一种机制。

王琳：中国、印度尼西亚两国加强贸易、投资、基础设施建设以及能源领域合作的动力是什么？

拉哈尔佐：中国是印度尼西亚在基础设施建设、能源、制造业等领域的重要投资来源国。在这一点上，印度尼西亚政府为吸引中国投资者来印度尼西亚投资做出很多努力，包括简化投资流程，维持有助于长期投资的良好社会政治环境等。

印度尼西亚希望中国投资企业能够加强印度尼西亚商品生产能力，提高出口总额。同时，印度尼西亚希望中国政府能够向印度尼西亚商品开放市场，包括非石油非天然气产品。最后，印度尼西亚期待与中国建立更加平衡的贸易关系。

印度尼西亚政府支持亚投行

王琳：印度尼西亚将如何在"一带一路"倡议及亚投行的筹建和未来运行中发挥作用？

拉哈尔佐："一带一路"倡议为促进亚太地区更好的互联互通，尤其为海洋地区合作提供了众多机会。这一倡议为加强两国合作尤其是海上基础设施建设与工业区的连接提供广阔平台。

希望"一带一路"倡议能够作为印度尼西亚"全球海洋支点"计划的有效补充，并且致力于发展国家港口、桥梁、机场、公共交通、高速公路、铁路以及发电厂。

印度尼西亚政府将亚投行的成立视为支持地区基础设施建设发展迈出的重要一步。这也是去年（2014 年）亚投行筹建中印度尼西亚表现积极的原因。考虑到东盟国家在发展基础设施建设加强地区合作中的重要地位，印度尼西亚认为亚投行非常有必要在东盟的总部雅加达设立代表处。

中印加强金融合作

王琳：印度尼西亚被视为中国在东南亚投资的最佳目的国。中国加工制造业转移至印度尼西亚的前景如何？

拉哈尔佐：我相信，"一带一路"倡议实施不会仅停留在发展海上丝绸之路国家的基础设施建设，还会包括提高沿线国家的生产制造能力。

因此，在"一带一路"框架下的国家能够成为中国制造链上的一部分。这势必有助于沿线国家共享中国的繁荣成果。目前，印度尼西亚接受来自诸如日本、韩国以及美国的制造业投资。我相信，这些经验将有助于中国在印度尼西亚投资几何级数增长。

王琳： 中国正在通过发展人民币离岸市场来推动人民币国际化。印度尼西亚将如何在金融领域与中国进行合作？

拉哈尔佐： 我认为，印度尼西亚与中国在加强金融合作方面仍需要全面的讨论。特别是，这些讨论将进一步加强两国贸易投资领域的合作。

印度尼西亚在加强地区金融能力方面将扮演更加重要的角色。中国将很快成为世界最重要的经济体。因此，加强与中国经济领域尤其是金融板块的合作对印度尼西亚非常重要。

中国驻斯里兰卡大使
易先良

"一带一路"的项目一定要走得稳、走得实

时间：2016年4月9日

"这次访问非常成功。中斯关系已经走出困难期了。" 2016年4月9日，陪同斯里兰卡总理访华的中国驻斯里兰卡大使易先良在北京接受王琳采访时表示，"'一带一路'的项目，一定要走得稳、走得实"。

2015年2月，易先良在斯里兰卡新政府开始掌权、中斯关系发展遇到障碍、进入困难期的时候赴斯上任，直接面对的是新政府开始掌权后并不明朗、不容乐观、存在变数的中斯关系，特别是双边经贸投资关系。

当时，斯里兰卡新政府已暂停了包括科伦坡港口城在内的中方企业在斯建设投资的20多个项目，并对外表示前任政府向中国举债进行大型基础设施建设，造成斯里兰卡债务不可持续。

易先良告诉王琳，当时斯方叫停的20多个中方项目，现在已经全部恢复了。科伦坡港口城也已经复工。

中国驻斯里兰卡大使馆官网显示，2016年2月1、2日，易先良大使赴南部高速公路延长线、南部铁路一期和汉班托塔港二期工程等项目工地，慰问中国港湾工程有限公司、中国机械进出口（集团）有限公司、中铁第一勘察设计院集团有限公司、中国航空技术国际工程有限公司、中国建筑股份有限公司等企业员工。他在考察慰问中资企业时表示，2015年中斯经贸合作虽经历了前所未有的严峻考验，但经过一年艰苦努力，中斯经贸合作逐渐回暖。

王琳就科伦坡港口城最新进展、可能的赔偿补偿方案、中斯关系未来走向、下一步合作重点等问题采访了易先良大使。

暂停项目已全部复工

王琳：中斯双方目前对科伦坡港口城的共识是什么？项目本身接下来会如何发展？未来中斯关系走向又会如何？

易先良：中斯关系民意基础是友好的，没有问题，是数千年的关系，数千年的民意基础。政局的变化导致过去一年（2015年）中斯关系出现一些问题和障碍。从我来讲，作为大使，我认为这是暂时的。我不能算临危受命，但是在中斯关系最困难的时候，被派过去做大使，所以这一年也的确很累。中央领导、国务院和各个部委特别是外交部、发展改革委、商务部、财政部相关部门以及国内的媒体的支持让我们的工作还是很有成效的。因为当时斯方停了我们（中方）大大小小的项目二十几个，到现在已经全部恢复了。科伦坡港口城实际上已经复工了。下一步我们要做的就是进一步完善我们法律上和程序上的手续。

赔偿不可避免

王琳：斯里兰卡科伦坡港口城项目的波折对中国推进"一带一路"建设、进行海外投资有何启示？

易先良：我从这个项目想到的就是，我们中国企业走出去，"一带一路"的项目，一定要走得稳、走得实，这也是中央的要求。如习近平主席讲的，"抓铁有痕"。要走实了、走稳了。现在有些事情，我们急于求成，恰恰出了一些问题。

科伦坡港口城项目，当然外方的因素是主要的。我一直强调，中方没有责任。所以媒体在发布会上提问了赔偿的问题。我当时就坚持，既然中方没有错误，中方公司停工一天，损失近 38 万美元，中方企业每周要向斯方当局递交（损失）材料，要求赔偿。

至于怎么赔偿，一个是通过友好协商来解决。有错误就要承担责任，这是一个原则。如果中方企业有错误，要承担责任。但中方企业没有错误，那么对方就要承担责任。科伦坡港口城是一个完全商业的项目，科伦坡港口城项目已经没有问题了，下一步就是技术问题，陆上施工已经可以进行了，海上因为现在是季风期，所以还没有进行。

王琳： 斯里兰卡当局对中方公司的损失如何赔偿或补偿？似乎是通过给予更多优惠政策来对中方损失进行补偿。

易先良： 是通过政策调整、土地使用等其他方面来进行的。赔偿是不可避免的，也就是 compensation。我们中文里可以叫赔偿，也可以叫补偿。（中斯之间）通过友好协商（可以解决这一问题），中国人不愿意打官司，适度补偿肯定是有必要的，朋友互相理解相互协商是可以理解的。

中斯合作要走稳，商机无限

王琳： 中斯关系下一步走向何方？有哪些新的合作项目值得期待？

易先良： 这次访问非常成功。中斯关系已经走出困难期了。下一步中斯关系应该发展得更好更通顺。

汉班托塔港二期，我们需要进一步协商。汉班托塔港一期快建完了，下一步是如何运营、如何合作的问题。（科伦坡）港口城工业园区怎么建也是双方需要进一步推动的事情。中斯合作前景非常广泛，商机无限，我们需要走稳。

别的我不敢说，在我当大使期间，希望我们所有的项目能平稳发展。每一步走实了。每做一件事情，都能够留下一个比较好的结果。不能保证每一件事情都做成功，但是尽可能避免出现问题、错误和不应该有的纠纷。

印度助理财长
迪内希·夏尔马

基础设施投资为资本提供安全去处

时间：2016 年 2 月 26 日

印度为全球 2015 年增速较快的主要经济体，在金砖国家新开发银行（下称金砖银行）和亚洲基础设施投资银行（下称亚投行）中均扮演重要角色。虽然和多数经济体一样都面临全球经济复苏缓慢、外需萎缩的挑战，但印度的压力相对较小。

印度财政部助理部长迪内希·夏尔马（Dinesh Sharma）接受王琳专访时表示，从数据上来看，南亚地区的增长仍然相对较好，特别是与欧洲和美国相比。

夏尔马强调，作为新兴经济体，新兴市场的动荡和面临的挑战，主要是由于缺乏政策协调。二十国集团（G20）各方需要加大力度政策协调，任何国家不应采取单边行动。

投资基础设施是资本的好选择

王琳: 您最关注的 2016 年 G20 议程是什么？

夏尔马: G20 需要改善和加强政策协调，人们需要知道其他国家正在发生什么。任何国家都不能采取单边行动，美国、印度、中国都不能，G20 财长和央行行长上海会议的公报中也强调了这一点。

王琳: 您提到目前针对基础设施的投资已经提上日程。您就印度将如何推进这一计划有何看法？

夏尔马: 这一计划应该得到很好的执行，这也是我们去年（2015 年）成立两大银行——亚投行和金砖银行的初衷。印度同时是两家机构的重要成员。一方面，印度投入更多的资金，获得一定的优先权；另一方面，可以缓解全球资本失衡的现状。目前资本外流无时无刻不在发生，我们应当有所作为。资本应当被利用起来，资本应该流动，但不应该在天上飞。

基础设施投资能够给资本一个安全的去处。资金应该进入基础设施投资。在印度和中国，投资基础设施是资本很好的选择。中国、印度可以联合支持其他地区的基础设施，这样我们各方都能够获益。

王琳: 印度与中国都同时是金砖银行和亚投行的重要成员国，中印如何协同，让两个新开发银行更成功？

夏尔马: 印度和中国能够协调得很好，没有任何问题和分歧。新的多边开发机构与已有多边开发机构能够很好地合作，新机构和已有机构不是替代的关系，是互补的关系。亚投行今年（2016 年）开业后的第一批项目就会专注于基础设施，很多项目已经得到了现有多边开发机构的认可。

王琳: 作为亚投行和金砖银行的重要成员，印度下一步将如何推进两个机构的发展？

夏尔马: 两个银行应该尽快行动起来，更多地关注基础设施建设。

南亚需求巨大带来增长动力

王琳： 您如何看待南亚地区未来的发展前景？

夏尔马： 虽然南亚国家普遍面临一些问题，但南亚国家正在做得更好。南亚正在成为全球性新的增长极。南亚地区有着非常大的需求，庞大的地区人口将给南亚更多增长动力。南亚地区的需求是足够的。

我们坚信，南亚地区的经济比其他一些地区稍好一些。从数据上来看，南亚地区的增长仍然相对较好，特别是与欧洲和美国相比。传统上，南亚的增长依赖全球的增长，这通常意味着旺盛需求。但当下由于全球需求萎缩，中国和印度的经济增速都有所放缓。除了外部需求，如果我们着眼内需，南亚地区若能够覆盖基础设施，就会有足够的需求。南亚地区本土的需求也会给印度的增长带来动力。

迪拜国际金融中心执行官
艾萨·卡辛姆

迪拜向东看　南南走廊承接"一带一路"

时间：2015 年 9 月

当地时间每天凌晨三点，迪拜机场航站楼迎送着从北京经迪拜飞往欧洲、非洲以及中东、南亚诸国的中国乘客。有老有小家庭团体多的是欧洲旅游团，清一色衣着朴素的中年男子团多是到非洲某国的企业团，其他零星的中国人可能是到与中国尚无直航的中东、南亚等国开拓市场，他们多是医疗设备和太阳能产品的销售代表。当然，乘客中将迪拜作为旅游经商目的地的人也越来越多。

作为迪拜国际金融中心（DIFC）的最高负责人，艾萨·卡辛姆（Essa Kazim）接受王琳采访时表示，希望未来十年，DIFC 能像全球首屈一指的阿联酋航空公司一样，成为贸易投资的金融港，连接东方与西方，打通南南经贸投资走廊，承接中国的"一带一路"。

卡辛姆是 DIFC 的执行官，也是迪拜证券交易所和迪拜金融市场的主席。在他看来，迪拜将超越当前人员和货物的中转港职能，成为连接中国等亚洲国家与非洲、欧洲的金融投资的枢纽。

卡辛姆访华最重要的信息是明确迪拜支持中国提出的"一带一路"倡议，并通过务实的合作，以迪拜未来十年推动南南经济走廊的发展规划承接"一带一路"。

具体而言，卡辛姆表示，DIFC与中资金融机构在伊斯兰金融方面的合作将有突破。很快将由一家中资银行发行首支以人民币计价的伊斯兰债券（Sukuk），这将创造历史。

卡辛姆告诉王琳，这也是为海湾地区的资本通过迪拜以伊斯兰债券的形式为中国的重点基建项目提供资金支持创造可能。

成立于2002年的迪拜国际金融中心的崛起，除了完善的基础设施与服务、前沿的理念和高效的监管外，还很大程度上受益于过去十多年处于高位的国际油价和海湾产油国充沛的财政实力。着眼于当下油价斩腰、海湾国家财政紧缩的现状，加之全球资本加速逃离新兴经济体回流美国，DIFC将未来十年的发展瞄准东方、打通南南经济走廊的确是另一个选择。

中东资金流动非常强劲

王琳：迪拜国际金融中心是否对当前全球资本从新兴经济体流出重回美国市场的现状担心？

卡辛姆：在市场形势不容乐观的情况下，投资者选择美国这样的安全港湾不可置疑，但我们并不很为此担心。

整个中东地区的资金流动非常强劲。海湾阿拉伯地区是全球发展速度最快的市场之一，而且摩根士丹利资本国际公司新兴市场指数将阿联酋归为新兴市场类别，也有力促进了外国资本的涌入，提升了投资者对本区域的信心。对于涌入非洲市场的亚洲资本，迪拜也起到了很好的枢纽作用。

鉴于迪拜国际金融中心所承担的区域联动性以及完善的监管环境，许多大型欧美银行以及跨国企业都已经在此设立了区域办事处。阿联酋的稳定环境也是促进商业在此蓬勃发展的一大因素。依靠我们稳定的经济发展形势，我们已做好充分准备，应对任何可能的市场变化。

突破本土，推动南南经贸

王琳： 油价下跌、海湾国家预算紧缩对迪拜国际金融中心有何影响？

卡辛姆： 得益于迪拜可观的经济发展，以及贸易、旅游和物流等非石油领域的业务增长，我们的经济发展已经非常多元化。非石油贸易数据很好地显示了阿联酋已逐渐转型成一个区域和国际的投资贸易枢纽。迪拜在大型的高难度项目领域已经有了很好的口碑。

在迪拜国际金融中心，我们的目光不局限在打造一个本土或区域的金融中心。随着中东成为 DIFC 增长战略的重要部分，我们也在关注包括中国、印度和非洲国家在内的南南走廊区域。

毋庸置疑的是，不断走低的原油价格在短期内会导致更有限的预算，但是我们不仅服务那些石油出口国，我们同时也在服务和更多关注那些受益于石油价格走低的国家。因此，这也是为什么我们希望通过促进南南走廊间的经贸合作来推动 DIFC 未来十年的发展和增长。

迎接中企到迪拜上市

王琳： 在"一带一路"的倡议下，迪拜国际金融中心将与中国金融机构如何合作来推动伊斯兰金融的发展？迪拜国际金融中心将扮演什么样的角色？

卡辛姆： 伊斯兰金融是整个伊斯兰经济中发展最成熟的板块，也是推动整个伊斯兰经济蓬勃发展的重要引擎。路透社近期的报告预测，伊斯兰金融在 2020 年将增长至 32 000 亿，而伊斯兰银行业将贡献其中 26 000 亿的增长。

同时，伊斯兰经济很可能成为继美国、中国和欧盟之后的第四大贸易领域，横跨五大洲的 16 亿穆斯林和在地理区域上的不断扩展将使其成为一个快速增长的市场。

就在今年（2015 年）早些时候，迪拜超越其他国际金融中心成为伊斯兰债券交易量破 10 亿美元的全球领先金融枢纽。2014 年中国金融机构推出了两类保险业务，以满足伊斯兰金融不断增长的需求，而这也和迪拜纳斯达克证券交易所鼓励更多类似金融产品发展的策略不谋而合。今年（2015 年）9 月，中国香港特区政府在迪拜发行了 10 亿美元的伊斯兰债券。

迪拜国际金融中心自 2005 年起，就将发展伊斯兰金融产品和服务融入整体发展重点。迪拜国际金融中心目前已有众多伊斯兰银行入驻，并提供伊斯兰再保险业务。

我们的伊斯兰金融发展策略遵从了伊斯兰法模式，对监管机构、企业和学界的职责进行了清晰的界定，同时在采用全球认可的国际标准和模式的基础上根据伊斯兰金融的特点进行了适当调整。迪拜国际金融中心拥有成熟完善的法律法规支持伊斯兰金融的发展。

在一个更广的层面上，迪拜成熟领先的金融环境也将很好地支持人民币的推广，这对未来将迪拜纳斯达克证券交易所作为首选资本市场的众多中国乃至亚洲企业有利。

中国发展伊斯兰金融潜力巨大

王琳：在迪拜国际金融中心看来，在"一带一路"倡议下，中国发展伊斯兰金融，面临哪些机会和挑战？

卡辛姆：伊斯兰经济已是全球经济中至关重要的一部分，而在未来数十载，其在全球经济中的重要性将越发明显。至今，得益于海湾地区和东南亚等核心市场经济的强劲增长，伊斯兰金融得以蓬勃发展。

然而，目前中国企业还没充分利用这些市场的机遇。鉴于伊斯兰金融在全球的强劲表现和经济影响力，伊斯兰金融在中国还将大有可为。

全球越来越多的政府和企业正意识到伊斯兰经济以及伊斯兰金融的重要性。像中国香港、新加坡、英国和南非等地区都已经发行了相关伊斯兰债券。与此同时，众多非洲国家政府也正考虑通过相应法律法规推动伊斯兰金融在本土的发展。

随着阿联酋成为世界最大的伊斯兰债券交易平台，迪拜今年（2015年）已经成功实现了将自身打造成为伊斯兰经济的全球资本流通中心的目标。而且，众多方案也即将出台，以进一步帮助伊斯兰经济的发展。

而将目光放到中国，伊斯兰资本市场的发展也能推动中国和中东之间的资金流动。随着迪拜逐渐成为伊斯兰经济的中心，双边的合作将能实现互补的效应。中国和迪拜双边贸易在过去十年间翻了五倍，这也对发展中国的伊斯兰金融市场和创建双边的协同效应带来了积极的影响。这也是为何海湾地区的资本通过迪拜，可以通过伊斯兰债券的形式为中国的重点基建项目提供资金支持。

鉴于中国的 13 亿人口，伊斯兰金融在中国市场的发展潜力巨大，在穆斯林和非穆斯林领域都如此。中国市场的机会和可能都非常巨大，而"一带一路"倡议无疑将深化和扩展中国市场的机遇，同时为伊斯兰金融的发展提供大量机会。

『一带一路』的先行先试：中非合作

中非发展基金董事长迟建新：
非洲长期发展的趋势没有改变

约翰·霍普金斯大学教授黛博拉·布罗蒂加姆：
中非合作是非洲国家难得的机遇

南非外长马沙巴内：
非洲经济一体化需要中国发挥专长

首任中国政府非洲事务特别代表刘贵今：
中非合作是小型"一带一路"，已先行一步

布鲁金斯学会资深研究员杜大伟：
中国已经成为非洲地区的创变者

苏丹石油部长穆孚默德·扎耶德·阿瓦德：
中苏合作成果将更加丰硕

盖茨基金会首席财务官吉姆·布罗姆利：
非洲卫生与农业急需私人投资

中非发展基金董事长
迟建新

非洲长期发展的趋势没有改变

时间：2015 年 12 月 18 日

中非发展基金是中国对非投资主力平台，也是中国第一支专注于对非投资的股权基金。2015 年中非合作论坛约翰内斯堡峰会上，中国国家主席习近平再次宣布为中非发展基金增资 50 亿美元，基金规模达到 100 亿美元。

中国企业在非洲大陆的投资，多处都能看到中非发展基金的影子。无论是在南非开普敦外 40 公里的小镇亚特兰蒂斯海信家电产业园内，还是在西非加纳的支线航空——非洲世界航空有限公司（AWA）的首航仪式上，抑或是在东非坦桑尼亚莫罗戈罗省的剑麻农场，以及北非埃及苏伊士经贸合作区内，中非发展基金的旗帜与海信集团、海航集团、中国农业发展集团、天津泰达等中国企业的旗帜一起飘扬着，昭示着中非发展基金与中国企业在支持非洲发展方面的共同努力。

曾任国家开发银行投资业务局局长的迟建新，于 2007 年"从零开始"领导中非发展基金，担任七年基金总裁的他于 2014 年 8 月开始担任董事长。2013年迟建新在《求是》杂志上发表题为《非洲经济：真实的增长与转型的挑战》的文章称，"伴之以持续的努力与变革，非洲将迎来期盼已久的结构转型与经济起飞"。

2013年以来，非洲多数经济体遭受全球金融危机和能源大宗商品价格下跌的影响，但迟建新认为，非洲长期发展的趋势没有改变。非洲仍然是全球最有希望发展的大陆，增长潜力最大。中国与非洲的合作前景广阔。

"长期来看，放到5—10年以上的周期来看，我对非洲的发展充满信心。"迟建新说。

迟建新表示，当前形势下，有远见的投资人应该及早地到非洲投资布局，现在是投资成本相对较低的时候。

在2015年12月4日中非合作论坛约翰内斯堡峰会宣布成立初期规模100亿美元的中非产能合作基金之前，中非发展基金是中国唯一的对非股权投资基金，对此，迟建新表示，中非发展基金作为业务范围覆盖产能合作等全方位领域的对非投资先行者和"排头兵"，十分欢迎中非产能合作基金的加入，愿意发挥自身八年积累的经验和优势，与中非产能合作基金探讨投资合作，携手推动中非合作提质升级。

迟建新坦承，根据他个人的理解，中非发展基金和中非产能合作基金，在支持中非产能合作和中国装备制造业走出去方面，会有交叉、有合作，将来可能免不了竞争。"但对于支持非洲发展、支持中国企业赴非投资来说，中非发展基金100亿美元是远远不够的。再增加中非产能合作基金100亿美元也是不够的。大家有着广阔的合作空间。"

增资是对过去八年的肯定

王琳： 中非发展基金在中非合作论坛约翰内斯堡峰会上再获50亿美元的注资，规模达到100亿美元。新注资对中非发展基金发展意味着什么？

迟建新：这说明国家对中非发展基金前八年的工作是肯定的，也说明八年前中国设立中非发展基金的决定是正确的。中非发展基金支持中国企业到非洲投资，起到了中国企业和非洲项目之间桥梁与纽带的作用，在推动中国企业走出去、支持非洲"三网一化"建设、中非国际产能合作和装备制造业走出去等方面做了大量先行先试的工作，发挥了示范效应。

经过八年多的投资实践，中非发展基金积累了丰富的经验，培养了相应的人才，有能力在支持中国企业走出去方面做更多的事情，发挥更大作用。

对中非发展基金来说，增资无疑扩大了基金未来的发展空间，进一步提升了基金支持中国企业到非洲投资的能力。

中非发展基金将在现有 50 亿美元资金基础上，早日推动新增的 50 亿美元资金到位。通过这些资金，中非发展基金将与中国企业在对非投资方面进行更多合作，做更多工作。

设立基础设施项目开发平台

王琳：下一步中非发展基金有哪些重点发展方向？

迟建新：习近平主席在本次峰会（约翰内斯堡峰会）提出了中非"十大合作计划"，为中非投资合作指明了方向。下一步，中非发展基金将围绕其中重点领域加大支持力度。

第一，将在公路、铁路、区域航空网及电力等基础设施领域加大前期项目的开发，帮助中国企业发掘更多投资机会。

目前越来越多的中国企业对到非洲投资感兴趣，但在寻找项目尤其是好项目方面有一定困难，所以我们希望联合其他企业，在寻找项目、培育项目、运作项目等方面发挥重要作用。

最近，我们已经与中国葛洲坝集团海外投资有限公司、中国土木工程集团有限公司、中国电信国际有限公司、鼎亿集团投资有限公司、长江勘测规划设计研究有限责任公司和中国恩菲工程技术有限公司等六家中国企业，发起设立了"中国海外基础设施开发投资有限公司"，探索加大基础设施项目前期开发和策划，在条件成熟后可引入或推荐给其他中国企业进行投资。

第二，希望推动中国企业"抱团出海"、"集群式"走出去。

从中非发展基金八年多的投资实践来看，单个企业，特别是加工制造业企业，在非洲投资建设生产以后，上下游供应和市场配套不足，产业链发展受到限制。中非发展基金希望发挥平台作用，结合我国对境外园区的鼓励政策，积极推动中国企业"集群式"走出去。

在这个过程中，中非发展基金将与中非双方各级政府、企业和同业金融机构通力合作，将中国的优势产业聚集成群，在产业链上配套走出去，与非洲本地的比较优势对接，与园区建设和产能合作相结合，助力非洲工业化发展。

第三，通过开发更多工程建设等项目，带动中国标准和装备制造业走出去。

中国装备制造业走出去，如果不与工程建设项目相结合，在短时间之内会有一定困难。一般来说，企业落地之前，要考虑产品销往哪里的问题，如果没有用户和市场，企业在当地生产就不具备条件，就很难长期生存。如果装备制造业企业贸然走出去，直接建设生产厂，就会面临市场问题。

而如果有大型建设项目带领，工程机械设备、大型的运输设备、装载设备、重型汽车、高铁走出去，就会比较容易。因此，工程建设项目的开发和实施，不仅能帮助当地改善基础设施条件，同时也为我们的企业寻找到了新的投资机会，可以帮助中国装备制造业走出去，并通过开发掌握项目源头，参与规划、设计和规则制定，将中国标准推向国际市场。

中非发展基金新发起设立的这个基础设施项目开发平台（即前述中国海外基础设施开发投资有限公司），就是要在加大项目前期开发、带动中国标准和装备走出去方面积极作为。

第四，有选择地与有实力的中国农业生产及加工企业合作，支持非洲农业开发，支持由初级产品向深加工的产业链延伸方面的合作，增加当地农产品的附加值。

第五，结合国家政策，支持民生领域的合作，其中包括医疗卫生设施的建设与合作，教育培训的相关合作，以及改善当地居住环境的项目等。

王琳：中非合作论坛约翰内斯堡峰会前，也就是三期 20 亿美元增资落实之前，据了解，中非发展基金决定的投资金额（32 亿多美元）超过了到位资金规模，为什么？

迟建新：原因有两个。一是外界对中非发展基金的投资需求非常大，我们也在为三期资金到位提前储备可投资项目。二是在投资运营过程中，中非发展基金已经回收了一部分资金，在一定程度上具备了继续滚动投资的能力。今后我们还会进一步提高投资的流动性，实现资金滚动运用，支持更多对非投资项目。

尝试三方在非合作

王琳：在中非合作论坛约翰内斯堡峰会期间，中非发展基金与联合国工业发展组织、比尔和梅琳达·盖茨基金会、非洲开发银行和中国国际商会签署合作协议，中非发展基金为什么会做出这样的跨区域、跨领域合作决定？

迟建新：中非发展基金在约翰内斯堡峰会期间选择的四家合作伙伴都非常有代表性。

第一个是联合国工业发展组织，它在推动全球贸易便利方面有优

119

势，能通过发展规划等与各国合作，推动贸易便利。中非发展基金支持中国企业开展对非产能合作的同时，需要考虑产能合作产品的市场适用性问题，为扩大用户群，有必要打通从非洲市场向其他发达国家市场的销售渠道。

与联合国工业发展组织合作，一方面将扩展在非洲合作企业的国际市场通道，另一方面有利于通过他们提高当地政府的参与度和支持力度，使得工业投资项目与当地比较优势有效结合，提高市场竞争力。

第二个是非洲开发银行旗下的非洲50基金，非洲开发银行是非洲最大的开发性金融机构。非洲50基金关注的是非洲未来50年的长期发展，也注重基础设施项目的前期开发，这与中非发展基金和中国企业合作的基础设施开发平台目标相近。双方合作，有利于从非洲自主发展的角度，更好地选择项目、策划投融资结构，共同设计未来基础设施项目建成后的运营和管理模式。

第三个是与比尔和梅琳达·盖茨基金会的合作。该基金虽然是慈善基金，但它希望把中国的生产能力与非洲相结合，惠及更多的非洲民生领域，譬如健康医疗、非洲减贫等方面的中小企业项目。双方将在理念一致的情况下，共同选择项目，支持改善非洲当地民生，提升健康医疗水平。双方还将设立联合开发基金，对一些具体项目进行投资。

第四个是与中国国际商会的合作。中国国际商会是中国与海外合作的最大民间商业协会，在推动中国企业走出去和加强与国外商会交流等方面有很多客户资源和联系渠道。双方合作将帮助中国企业更好地对接非洲项目，并带动更多有兴趣的企业到非洲投资。

王琳：中国对非合作开始提出与第三方国家在非洲合作。这是否意味着中国对非合作思路的转变，逐步告别单打独斗、孤独探索的方式，而选择与多方互补合作实现共赢？

迟建新：中非发展基金与上述四家机构的合作，都有互补性和互利性，得到了中国政府的支持。这表明，通过中国企业多年来的对外投资实践，中国政府鼓励与第三方开展对非投资合作的态度是明确的。

中非发展基金在这方面做了一些尝试。除了上述合作外，此前中非发展基金已经与联合国粮食及农业组织和联合国国际农业发展基金组织建立合作关系，并与英国国际发展部签署了合作协议，共同研究中国在非洲投资企业与欧洲市场对接问题，共同开发非洲市场、把中国和非洲的联合制造能力与欧洲尤其是英国的市场相结合。为了更好地与英国合作，我们还与联合国和世界贸易组织双重下设的国际贸易中心（ITC）建立了三方合作。

实际上，中非发展基金在探索如何更好地推动中非投资合作的过程中，已从单纯地推动在非洲投资，向着促进在非投资与国际市场对接的方向发展，以便于"非洲制造"更好地适合国际市场的需要。

这是因为，在培养非洲当地需求的情况下，还要更多地帮助非洲提高其国际竞争力，帮助他们出口创汇，缓解外汇不足；延长产业链、增加产品附加值，改善当地民生。同时，为了解决中非贸易不平衡问题，我们也在帮助研究在非洲生产适合中国市场需要的产品，提升当地产品附加值后再向中国出口。

王琳：为中非发展基金增资的50亿美元属于商业性投融资资金。同无偿援助、无息贷款、优惠贷款和出口信贷相比，商业性投融资资金能发挥怎样的作用？

迟建新：除援助类资金以外，非洲自身的发展越来越需要商业性投融资支持。商业性投融资要求所投项目具备商业可持续性，资金投入能培育其商业化和市场化运作能力，从而实现自我良性发展，帮助政府发展经济而不增加政府的负担，这就是中非发展基金一直讲的支持非洲"造血"能力建设，支持非洲自主发展。

由于非洲国家政府负债能力有限，进一步扩大由政府承担的优惠性债务资金受到一些限制。非洲政府应该通过政策调整、基础设施环境改善等措施，来更多地吸引商业化投资。

我认为，一个国家和地区可持续发展能力的强弱与商业性资金进入的多少成正比，商业化投资的增加，表明非洲可持续发展能力的增强。

本次峰会（约翰内斯堡峰会）中国政府推出的 600 亿美元一揽子资金支持中，既有援助性资金，也有商业性资金。这表明了中国政府对非洲未来可持续发展的信心和扩大支持的决心，也是对中非发展基金支持企业赴非投资事业的极大鼓舞。

当然，援助性和优惠性债务资金的进入也会更好地带动商业性资金的增长，为商业性资金的良性运转提供条件，是互补的。

与中非产能合作基金有交叉、有合作

王琳： 中非金融合作加快、涌现更多对非或涉非合作基金、金融机构（政策性和商业性均有）的新潮流下，中非发展基金如何面对新的对非合作局面？中非发展基金与新宣布成立的中非产能合作基金将是什么关系？

迟建新： 中非发展基金经过八年多的对非投资实践，积累了丰富的对非投资、国际合作经验及人才队伍，我们愿意与新的投融资机构共同合作，共同支持中非经贸合作战略。我们将继续发挥自身优势，支持中国企业走出去，也愿意为新设立的机构提供一些帮助和服务。

对于中非产能合作基金，我们在支持中非产能合作和中国装备制造业走出去方面，会有交叉、有合作，将来可能免不了竞争。但对于支持非洲发展、支持中国企业赴非投资来说，中非发展基金 100 亿美元是远远不够的。大家有着广阔的合作空间。

譬如在聚集产能合作的工业园区方面，目前中国政府在非洲支持的七个园区我们都在跟踪，其中已经实际支持了两个，即埃及泰达苏伊士经贸合作区和尼日利亚莱基自由贸易区。在帮助园区招商引资方面，中非发展基金也做了一些工作，积累了一些经验，实际上已经在先行先试，未来会带动更多企业和同业机构做下去，将前期经验与共同促进中非产能合作、支持非洲发展的投资方分享。

今后还会有更多的投融资方式和机构加入到支持非洲发展的队伍中来，包括来自中国的，也会有来自国际的。事实上，支持非洲的发展，就是支持全球的发展。支持非洲的发展不只是中国的需要，也是世界的需要。我们愿意以开放的心态与各方合作，推进共同发展。

王琳： 当下，中国经济进入新常态，全球能源大宗商品价格下跌，中非合作面临一些新的挑战，应该如何应对？是否要转变合作模式？

迟建新： 在全球没有完全摆脱金融危机、大宗商品下跌的情况下，非洲一些完全依赖资源输出的国家，经济发展受到了影响。在新的历史时期，非洲国家的确需要转变经济增长模式，除了初级的资源能源出口外，要更加重视深加工，提高当地的附加值，实现多元化发展。

当然，这需要一个过程。在这个过程中，既可以推动非洲国家的工业化建设，也有利于调整产业结构，带动更多就业和出口。而这个过程也恰好是中非产能合作的好时机，适应了中国经济发展的新常态需要。中非合作，除了要推动双边经济发展外，还要更好地融入国际市场，推动国际产能合作，改善产业结构，提高工业化生产能力，提高国际竞争力。

埃塞俄比亚就是一个很好的范例。埃塞俄比亚本身资源并不十分丰富，通过吸引中国企业到当地开展农产品加工和制造业投资，带动了其他国际投资者进入，实现了经济较快发展，同时受金融危机的影响相对较小，这也从侧面证明了经济结构改善和发展模式转变的重要性。

非洲长期发展趋势没有改变

王琳： 您 2013 年在《求是》杂志上发表文章，当时各界对非洲及整个新兴市场的发展非常有信心。但 2014 年至今，非洲等很多新兴经济体面临很大的经济困难。现在您对非洲的经济前景怎么看？您对非洲的判断有哪些变化？

迟建新： 在我个人看来，非洲长期发展的趋势没有变化。习近平主席在本次峰会（约翰内斯堡峰会）上指出，非洲快速发展势头锐不可当。非洲仍然是全球最有希望发展的大陆，增长潜力最大。中国与非洲的合作前景广阔。

近年来全球金融危机和大宗商品的价格下跌，对非洲经济发展的条件和基础产生了非常大的影响，使非洲发展速度和工业化进程受到一定冲击，也影响了国际投资者的信心。

但长期来看，放到 5—10 年以上的周期来看，我对非洲的发展充满信心。对投资人来讲，不能只考虑眼前短期利益，而一定要考虑长期利益，要根植于非洲，从非洲当地实际需要出发，做好在非洲长期发展的规划。因此，有远见的投资人，应该及早地到非洲投资布局，现在正是投资成本相对较低的时候。

我们也相信，本次峰会（约翰内斯堡峰会）以后非洲国家的政治和经济环境将会不断改善，以增强包括中国在内的国际投资人的信心。

王琳： 有观点认为，2013 年中国提出建设"一带一路"的倡议会削弱非洲在中国对外合作中的地位，您是否认同？为什么？

迟建新： 这是一种误解。应该说，非洲在中国对外合作中的地位从来没有变过，且在"一带一路"倡议下被提升到了更高层次。

建设"一带一路"是习近平主席 2013 年提出来的国际合作倡议，经过两年的发展，其内涵和外延不断丰富，贯穿了亚、欧、非大陆。本次《中非合作论坛约翰内斯堡峰会宣言》提出，积极探讨中方建设丝绸之路经济带和 21 世纪海上丝绸之路倡议与非洲经济一体化和实现可持续发展的对接，为促进共同发展、实现共同梦想寻找更多机遇。

《中非合作论坛——约翰内斯堡行动计划（2016—2018）》也指出，非方欢迎中方推进 21 世纪海上丝绸之路，并将非洲大陆包含在内。这说明，国家对中非合作与"一带一路"建设是统筹推进的，二者将相互促进、共同发展。我们欢迎致力于"一带一路"建设的企业，共同加大对非投资合作。

增强非洲自身"造血"机能

王琳： 在中非合作中，中国在非洲的参与投入也遇到了一些不理解和非议。中国应该如何化解应对？

迟建新： 中非合作符合中非双方的发展需要，中国企业在实际项目运作中应该秉承习主席提出的"真、实、亲、诚"合作理念和正确的义利观。中非发展基金在引导中国企业投资非洲的过程中，特别强调要充分考虑当地政府机构和民众的需要，倡导企业积极履行社会责任。

事实上，从中国三十多年的发展经验来看，发展是带动当地人民走向富裕最好的方式。没有发展，当地人民的生活水平不可能得到改善。投资带动当地经济的发展，是企业履行的最大社会责任。新时期的中非产业对接与产能合作，将帮助非洲提升初级产品加工能力，提高当地产品的附加值，通过增强非洲自身"造血"机能，实现互利共赢。

同时，我们也支持中国企业根据自身特点，在当地多做一些惠及民众的好事。如中非发展基金与海信集团合作投资的南非家电产业园项目，除为当地提供 2500 多个就业岗位外，还支持当地孤儿院、养老院、社区学校等公益事业，每年将利润的一定比例捐给当地用于发展青少年教育事业，并于 2010 年起为南非当地高校提供"海信优秀学生奖学金"，这些贡献使得项目公司成为"国际种子基金"的种子公司，进一步提升了中国企业在非形象。

又如中非发展基金与中国农业发展集团合作投资的坦桑尼亚剑麻农场项目，不仅为当地提供 1100 个就业岗位，还与中国农业大学联合承担了中国国际扶贫中心在非洲的第一个村级减贫示范项目——佩雅佩雅村（Peapea Village）减贫学习中心项目，并于 2012 年在达累斯萨拉姆举办第三届"中非减贫与发展会议"，得到国务院扶贫办的高度肯定。

　　但是确实也有个别企业在非经贸活动中存在不规范的地方。这要靠中国和非洲各国政府间的协调，使得企业更加规范地遵守当地法律法规、履行社会责任。同时，要加大宣传引导，增强和非洲的信息交流，加深中非双方的了解，消除双方文化差异，实现习主席所倡导的"文化融通、政策贯通、人心相通"，为中非合作创造良好舆论氛围。

约翰·霍普金斯大学教授
黛博拉·布罗蒂加姆

中非合作是非洲国家难得的机遇

时间：2016 年 10 月 13 日

约翰·霍普金斯大学教授黛博拉·布罗蒂加姆（Deborah Brautigam）三十多年来一直在研究中非关系、对外援助和国际发展问题。布罗蒂加姆 2009 年出版的《龙的礼物——中国在非洲的真实故事》颠覆了在西方舆论中颇为盛行的"中国在非洲搞新殖民主义"等不实传言，并提出，援助非洲，美国应该向中国学习。

一位很有声望的中国原驻非外交官就曾讲过，布罗蒂加姆《龙的礼物——中国在非洲的真实故事》的出版在当时对中非合作的呈现胜过中国官方的千言万语。布罗蒂加姆的研究在同时影响中国与美国的对非政策。

王琳于 2016 年 10 月 13 日在美国华盛顿专访了布罗蒂加姆，当时她主持的约翰·霍普金斯大学中非研究中心正在举办年度研讨会，聚焦"中非基础设施合作"。

避免体形庞大而笨重的"大象项目"

王琳： 2015 年年末在南非举办了中非合作论坛约翰内斯堡峰会，距离举办上一次中非领导人峰会已十年，在过去十年的中非合作中，您是否发现了一些实质性变化？

布罗蒂加姆： 我认为各方一直都在互相学习借鉴。我们知道发现一个值得投资的好项目很困难，一个项目能获得资金支持并最终发展起来也很难，因此约翰内斯堡峰会颇令我惊喜。

目前，我们面临诸多挑战。比如，世界银行曾经面临这样的问题：其内部人员会因为发起许多项目而获得奖励，但他们并不会长期对所发起的项目负责，项目的后续实施和监管缺乏保障，这带来了很大的不稳定性。比如，有些借了钱的国家可能没有能力偿还。

现在中非合作论坛已经走过了 16 年，是时候评估一下过往的成绩了，比如我们应该评估一下非洲国家的政府是否有足够的贷款偿还能力。我们看到有一些大型项目，包括坦桑尼亚的铁路和港口建设项目，但坦桑尼亚政府是否有能力偿还贷款并管理运营这些项目仍是未知数，而且我对此并不乐观，我认为风险很大。我相信身处这个领域内的人和执行这些项目的人都知道这有多么困难。一些中国官员也担心三年后这些耗资巨大的项目会出现资金问题。

所以，我认为中国政府在对非投资上可能有些操之过急，现在中国政府要寻找的是真正值得投资且能够及时回收资金的大型项目，否则大型项目就有可能变成体形庞大而笨重的大象。较大的项目和较小的项目在设计经费上是差不多的。中国政府以前也经历过因为非洲国家没有偿还能力而被迫取消项目的情况。

资金市场化利用能够分散风险

王琳： 中国在 2015 年年末新宣布之后三年对非资金支持 600 亿美元中，仅有 50 亿美元是援助，大部分是贷款和投资基金，中国在探索用市场化的资金支持方式来开展中非合作。您怎么看？

布罗蒂加姆： 这是一个非常明智的方法。虽然扩大市场的作用并不会完全消除风险，但能够很大程度地分散风险。在目前的长期项目模式下，风险主要由非洲国家政府承担，中国的贷款提供者也承担了较大风险。有一个说法是这样的：如果你借给别人 100 美元，别人不还那是别人的问题，即小额贷款不能偿还是贷款者的问题，而大额贷款不能偿还就是贷款提供者的问题了。政策银行要充分考虑这一点。

我曾经和 2007 年成立的中非发展基金多次深入交谈，他们表示寻找可供投资的项目非常困难。十年来他们有了 87 个项目，平均每年 8.7 个，这个数量真的不算多，要知道中非发展基金和大约 54 个国家有外交上的关系并可以在这些国家进行投资。

王琳： 我也和中非发展基金有过深入交谈。2016 年中非产能合作基金设立后，有分析认为两者是竞争关系，也有人认为两者是互补关系。您对这两个基金有什么建议吗？

布罗蒂加姆： 目前对非投资领域有许许多多基金，不仅有来自中国的基金，还有来自欧美的基金。大家都在想方设法寻找好的项目，因此发现好的项目并不容易。目前，中非发展基金几乎只关注中国投资者，虽然在一些项目中他们也和其他投资者合作，但这些项目大多也和中国公司相关。所以，我认为中非发展基金应该像其他基金那样多涉足不同国家的项目，而不是只局限于一国的项目，这样会更有利于盈利与发展。此外，我认为应该扩大私营部门在对非投资中的参与度。非洲经济可以承受少量的破产影响，因此即使有破产发生，非洲经济也不会受到很致命的打击。目前我们更应该关心的是对非洲的长期资金支持。

王琳： 在约翰内斯堡峰会行动计划中，您觉得中国的计划有哪些亮点？或者哪些点给您留下了深刻印象？

布罗蒂加姆： 虽然目前细节还没有完全出来，但约翰内斯堡峰会已经取得了很多成就。其中之一在于非常关注产能建设，但具体操作方法以及是否会建立基金我们还不清楚。

另一个值得关注的点在于对工业化的强调。工业化对于中非双方是互利共赢的，因为中国有富余产能，而非洲很多地方都有条件承接中国的富余产能。这一愿景终将实现，对此我很乐观。

鼓励中企在非继续本土化

王琳： 您专门举办中国与非洲基础设施合作的学术会议，中国在非洲基础设施建设领域发挥着重要作用，请问您希望向中国的公司传递什么样的信息？

布罗蒂加姆： 一方面，我在中国企业责任领域看到了一些好的变化。中国企业现在越来越意识到共同责任和良好的劳资关系的重要性，他们正在学习如何与工会打交道，如何与不同文化的人相处。中国公司意识到在中国国内的行事方法不能生搬硬套到非洲。这些都是非常好的变化。

另一方面，有些中国公司仍然忽略了一些风险因素。比如，腐败问题和质量问题仍存在。但中国公司越来越注重产品和服务质量，能够意识到即使是很少的质量问题也会影响到整个行业的名声。在非中国公司意识到自己的行为不仅要对位于中国的公司总部负责，更要对中国在当地的国家形象甚至是在世界上的形象负责。

此外，我还要鼓励中国企业继续进行本土化。目前中国企业在雇用当地员工方面的本土化程度已经较高，但在技术岗位和管理岗位的本土化上还需要下功夫。我建议中国企业可以多招聘那些曾留学中国的非洲学生并提供更多实习项目。这些学生已经具备了在中国企业工作的语言能力。我甚至建议政府多多考虑这方面的计划，因为这可以将教育计划和产能建设计划相结合，并进一步推动本土化进程。我希望看到更多的非洲人走上中国在非企业的管理岗位，而且他们的工资成本也相对更低。

中非关系需要资金支持外的新亮点

王琳： 根据您对当前中非关系的理解，请问您会给中国的政策制定者、政府官员和在非外交官什么建议来促进中非关系可持续发展？

布罗蒂加姆： 首先我想说，慢一点儿。中非关系需要强调一些新的亮点，而不是简单地提供资金支持。此外，中国还应该多向其他与非洲有合作的国家学习借鉴。中国的非政府组织应该多与其他国家更有经验的组织合作，这样会受益良多。一个项目中也应该有来自中国、美国、欧洲和非洲的公司，进行合作，促进大家互相学习借鉴、优势互补。但现在中国企业在非洲"抱团"现象严重，中国企业主要与其他中国企业合作。很多中国企业都参与到非洲基础设施建设当中来，在这一点上我建议中国国家开发银行和世界银行签订一项谅解备忘录。在世界银行内部，国际金融公司（IFC）对于像中非发展基金这样的组织来说是很好的合作伙伴，可以帮助他们取得更快的发展，互利共赢。

王琳： 世界银行、中国和非洲之间有三方合作，比如智库研究方面的合作等。在开展中国与第三方在非洲合作方面，请问您对非洲国家有何建议？

布罗蒂加姆： 我觉得中国企业进入非洲基础设施建设领域并为非洲提供大量资金支持，对于非洲国家来说是难得的机遇。非洲国家应该把握好机遇，着重提升产品附加值，为国家发展带来真正有用的东西，把其他国家的基础设施投资融入本国的发展规划。埃塞俄比亚就做得不错，所以我们希望埃塞俄比亚能够一直继续与中国的合作。

南非外长
马沙巴内

非洲经济一体化需要中国发挥专长

时间：2014年9月

人们往往习惯将非洲看作一个目的地，将非洲看作一个整体太笼统，各个国家逐一发展体量小，难成规模。东非共同体、西非国家经济共同体、南部非洲发展共同体等次区域组织迅速开花，次区域一体化和区域共同市场的形成是非洲正在发生的变化和机会。

非洲最大的外来投资国中国和相继进入非洲市场的中国企业有必要认识并重视非洲正在进行的区域与次区域一体化。中国在非洲区域一体化中能发挥什么作用，又能如何利用这一趋势促进合作呢。

南非外长马沙巴内（Nkoana-Mashabane）接受王琳专访时表示，非洲经济一体化需要中国发挥专长。她以非洲区域与次区域之间通过基础设施建设来促进的互联互通为例，指出加快非洲基础设施建设过程中，中国能够发挥专长，非洲能通过经济一体化实现经济发展。

南非加入"金砖"意义重大

王琳：南非对金砖国家机制下一步发展有什么样的期待？

马沙巴内：南非是个非常独特的国家，作为一个非洲国家，传统上就有杰出的领导力。南非一直由非洲本土的最悠久的政治团体领导，南非非洲人国民大会（下称非国大）已经有102年的历史了，非洲大陆上没有其他的政治团体能与之相媲美。尽管我们称南非民族自由发生在20年前，加纳等一些国家的民族解放虽然比南非早，但他们一直受到非国大的鼓舞在本国进行革命。南非为了自由斗争了近80年，但并没有为此牺牲经济发展，相反建立了非洲现代发展水平最高的经济体。

当南非申请加入金砖国家时，我们发现已有的金砖成员国都是南非的老朋友，金砖国家需要一个来自非洲的成员，发现南非是最合适的选择，南非很荣幸加入"金砖"。南非加入后参加的第一次金砖国家领导人会晤在三亚举行，在这次会议上，金砖国家的发展愿景，对政治上、经济上、多边上、社会文化上的合作蓝图有了详细阐述。南非参加了金砖国家领导人第三次会晤，《三亚宣言》发布的同时，南非成为第五个成员国。

很高兴金砖银行非洲总部设在南非

王琳：南非将如何参与金砖国家开发银行（下称金砖银行）的建设？

马沙巴内：（金砖国家领导人）第四次会晤在印度举行，期间建设金砖银行的设想提出，在南非作为主席国的第五次会晤（下称德班峰会）上，金砖银行从想法向现实推进。在德班峰会上，金砖国家领导人做出历史性决定，同意设立金砖银行。在今年（2014年）第六次会晤（下称福塔莱萨峰会）上，金砖银行成立。我们还没见过任何一个组织，在短短六年间，能像金砖国家这样达成如此的成果。如今金砖国家共同发声,整个世界会重视、倾听。金砖国家政治上发出共同的声音,具有分量。

所有成员国同意金砖银行总部设在中国,中国选择上海,我们很高兴,中国决定将南非设为金砖银行的非洲总部。上一次国际性开发银行的设立还是 1945 年在布雷顿森林体系之下,这是开创性的新生的事物。同样金砖的开创性还体现在对开发金融新模式的探索上,世界银行也认为,金砖银行将完成世界银行无法独立完成的一些事情。

非洲区域一体化需要中国发挥专长

王琳： 非洲区域一体化正在加速进行,南非也是南部非洲发展共同体(SADC)的领导者之一,中国可以怎样参与并充分顺应非洲的区域一体化趋势？其中南非扮演怎样的角色？

马沙巴内： 中国是个大国,是南非及所有非洲国家的老朋友,非洲国家共有 10 亿人口,而中国有 13 亿人口。非洲希望推动区域一体化,比如加快基础设施建设等,在这一过程中,中国能发挥专长,非洲能通过区域一体化实现经济发展。

南非在南部非洲的确存在长久的领导力,南非的民族解放运动启发了周边和非洲很多国家。中国将支持 SADC 及南部非洲地区的和平与安全倡议,很高兴看到南部非洲有值得依赖的朋友。南非实施独立的外交政策,我们尊重国际法和国家主权,但在一些国家有危机、发出求助的时候,我们应该伸出援手。我们很高兴看到中国表示支持非洲应对危机的能力建设倡议。我也想借此机会感谢中国政府在非洲国家面临埃博拉挑战时给予的帮助。

王琳： 南非是中非合作论坛的共同主席国,今年(2014 年)8 月在华盛顿举行了首届美非峰会,南非也有参加。南非会如何在非洲处理中国和美国的关系？

马沙巴内： 南非不是美非峰会或类似机制的共同主席国，实际上美国、非洲之间并不存在长期的合作机制。我们明确知道的是，美国总统奥巴马向非洲国家领导人发出个人邀请，是出于他个人的倡议而非任何机制的安排，召开了美非峰会，是奥巴马与非洲领导人之间的一个会议，是瞬间的，不像中非合作、印非合作、欧盟非洲合作这样已经机制化、长期化。

首任中国政府非洲事务特别代表
刘贵今

中非合作是小型"一带一路"，已先行一步

时间：2015 年 5 月

在"一带一路"倡议提出之前，非洲在中国对外关系特别是经济关系中的地位和重要性很高，中非的合作比"一带一路"沿线多数国家都要更深更广。"一带一路"提出后，中非关系期待更高的升级和转型。

中非合作与"一带一路"是什么关系？中非合作是否会被"一带一路"的热潮遮蔽？中非已经进行多年的产业合作对当下的国际产能合作又有哪些启示？应该注意哪些问题？

浙江师范大学中非国际商学院院长、首任中国政府非洲事务特别代表刘贵今是资深的外交家，从 20 世纪 80 年代初开始从事非洲工作，至今已三十多年。现在作为中国亚非学会会长，刘贵今仍深度参与中国与亚非国家的交往与政策研究。

刘贵今认为，非洲尽管不是"一带一路"的重点，但也被包括在内。现在中国在非洲所做的跟"一带一路"方向完全一致。"因此，我把中国在非的活动和工作称为非洲版'一带一路'或小型'一带一路'。"

对于当下，中国在"一带一路"沿线国家、非洲和拉美都在推进的国际产能合作，刘贵今认为非常必要。"如果中国不迈出这一步，只能是制造业大国而非强国。"

非洲能从"一带一路"受益

王琳：您在非洲工作多年，一直在推动中非产业合作，您如何理解当下提出的国际产能合作？

刘贵今：部分学者对非洲没被正式包括在"一带一路"内有疑问。我的看法是，非洲尽管不是"一带一路"的重点，但也被包括在内。今年（2015年）亚洲博鳌论坛期间发布的《推动共建丝绸之路经济带和21世纪海上丝绸之路的愿景与行动》中，几次提到亚欧非。虽然在《愿景与行动》中，很多非洲国家没被包括进去，但现在中国在非洲所做的跟"一带一路"方向完全一致。因此，我把中国在非的活动和工作称为非洲版"一带一路"或小型"一带一路"。

李克强总理去年（2014年）5月访问非洲，接连访问埃塞俄比亚和非盟总部、尼日利亚、安哥拉和肯尼亚，在非盟总部演讲和参加尼日利亚首都阿布贾举行的世界经济论坛非洲峰会全会时，他重点讲到"四六一"框架。"四"指坚持平等相待、团结互信、包容发展、创新合作等四项原则。"六"指六大工程，第一个就是产能合作（可见其重要性）；第二是金融合作，中国有大量资金；三是减贫合作，要帮助非洲国家脱贫；四是生态环保合作；五是人文交流合作；六是和平安全合作。

李总理还推出三大网络，一是高速铁路网，二是高速公路网，三是区域航空网，这都是中国强项。现在，虽然在非建高铁可能还为时过早，但对现有铁路提速还是行得通的。中国现在兴建的时速100多公里的较高速铁路，与之前三四十公里的坦赞铁路相比，算是非洲意义上的"高铁"。

虽然非洲部分地区已有高速公路和宏大基建规划，但仍有不少"空白地带"，而中国正把没建成的路段连接起来。此外，非洲的英语国家与法语国家间，很少有直接航空联系，中途需要转机，所以中国提出要建区域航空网，希望把整个非洲联通起来。我们还希望在"一带一路"的下一阶段，非洲能从中直接或间接受益。

非洲另一主要优势是友好，中非关系良好，从官方到民间都真诚欢迎中国在非投资，非洲政府和人民都友好。欧美经济危机后，非洲属于增长第二快的大陆，仅次于亚洲。所以非洲有其增长优势。

此外，业界部分人士也看好非洲发展。世界银行前副行长林毅夫关注过非洲发展问题，对非洲特别有感情，比如，他推动华坚企业在非发展，还有其他劳动密集型产业向非转移。根据林毅夫的新结构经济学，若能很好利用发展中国家的后发优势，并选择合适战略，原则上讲，非洲发展有希望，中国可以做到的非洲也能做到。

中非合作已先行一步

王琳： "一带一路"提出后，有人担心中国在非投资的力度以及非洲在中国对外关系中的地位会下降。如何缓解这种担心？

刘贵今： 某种意义上，中国在非洲的发展已先行一步。"一带一路"倡议提出前，中国在非洲联通上已做了大量工作。中国在非洲已取得的突破和成就，不亚于将要被包括进"一带一路"中的某些亚洲和欧洲国家。

从大约2000年开始，在中非合作论坛的平台上，中非已开始建立良好互动关系。

第一，政策沟通，比如中非合作论坛这样的政策沟通平台。

第二，设施联通，我们在非已修建港口与大量公路、铁路；区域航空方面，海航已在加纳开设航班，并也计划在内罗毕开设，这些都是实实在在的成果。

第三，资金融通，在中非合作论坛框架下，2012年第五届中非合作论坛，时任国家主席胡锦涛对外宣布200亿美元的优惠贷款，用于兴建非洲基础设施和项目融资。李克强总理今年（2015年）访非时发现200亿美元已用完，之后又增加100亿，所以三年300亿资金融通。此外，部分非洲国家，如尼日利亚，用人民币结算来避免汇率风险，也促进人民币国际化。

第四，贸易畅通，金融危机前，包括危机后的一两年，中非贸易呈双位数增长，2000年，中国与非洲大陆的贸易才106亿美元，但去年（2014年）达2200亿，增长近20倍。

第五，民心相通，中非间传统友谊加上近年来高层交往，中国每年向非洲提供的奖学金名额超过6000个，非洲也是中国旅游目的地之一。2013年3月，习近平主席访非时提出，中非一直是"命运共同体"，而"命运共同体"也是最早在非洲提出的。所以，从这五个方面讲，"一带一路"将要做的事，中国在非洲已开始做，并做得很好。

今年（2015年）年底前要进行中非合作论坛部长级会议，我相信在这个姑且称为非洲版"一带一路"的平台上，产能合作还会有更大发展。今年（2015年）4月28日蓝厅论坛，河北省省长和王毅部长都参加了，会上提出推动河北省钢铁、水泥、玻璃等产业走向非洲，而河北省也正与南非进行洽谈，想把年产500万吨钢铁向南非转移，这相当于南非整个产业的三分之二，非洲的三分之一。同时，河北冀东水泥集团已在南非设厂。建材方面，河北已在埃塞俄比亚设厂。所以前景是喜人的，有发展空间。非洲也会借着"一带一路"，乘势而上，在基础设施、产能合作等方面有更好发展。

但尽管中国在产业向非洲转移方面已做大量工作，但我认为还不够。向非转移的旧模式急需转型升级，粗放低端无秩序问题也需解决，像过去那种只卖几个集装箱货物、赚了钱就走的方式，难以为继。个体私营商户在走向非洲的过程中，一定程度上挤压非洲基层小商户，影响其生存空间，此外还有假冒伪劣，不够遵守当地劳工环境标准等问题。

借着"一带一路"的东风，中非合作要向中高端前进，转型升级。近几年非洲需求下降，加上中国进入新常态，尽管中国进口非洲石油等矿产产品的数量未下跌，但由于价格下跌，仍影响中非贸易增长，现在中非贸易已是个位数增长。非洲失业现象严重，产品附加值小，所以中国要把设备和生产能力向非转移，促进其工业化，增加其附加值。黛博拉·布罗蒂加姆，一位研究非洲的著名美国学者，在其《龙的礼物——中国在非洲的真实故事》一书中写道，工业园区对非洲工业化起催化剂作用，在荒芜土地上建设工业化园区，"三通一平"（水通、电通、路通和场地平整）后，再去投资，加上优惠政策，可以营造相对好的小型工业化环境。

在非投资面临不小风险，非洲政局不稳，如利比亚，再比如刚果民主共和国一旦出现骚乱，中国会受害。前不久，南非发生排外事件，当然不是针对中国商铺，中国有个别商铺受影响，还有布隆迪的未遂政变。加上恐怖袭击，如索马里周边地区。还有文化差异，圈块地，在上面吃中国饭，穿中国衣服，说中国话，弄完就走人的现象等等，这些都是问题，而且很多不是非洲独有的问题。

非洲是中国第四大投资目的地，对非的投资存量 300 亿美元左右，不是特别大。中国统计局最近引用对外直接投资绩效指数（OND）的概念，指一个国家对外直接投资流量占当年全球对外投资的百分比，跟本国国民生产总值之比。若是 1，则为平均水平。美国是 1.1，说明超过平均水平。发展中国家是 0.72，而中国是 0.69，低于发展中国家水平。中国已是第二大经济体，第二大投资国，但对外直接投资流量效率还不到发展中国家水平，所以说明中国有很大发展空间，而非洲跟世界也有很好的承接能力。

产业转移不能污染非洲

王琳：中国在非洲的投资还面临哪些挑战？

刘贵今：现在我觉得在非投资的最大挑战，第一，政府要加强指导，增加对这个大陆的法律、文化、规章制度等方面的了解。很多商人不能接触足够的有用信息，不知往哪里投，很多政府网站长期不更新。

第二，民营企业存在资金问题。遇到一些民营企业代表，他们普遍反映尽管政府有很多措施，帮助企业在非投资，但企业仍不懂具体如何执行利用，所以政府要多加引导，提高企业自信。

第三，民营企业家要转变思路。很多企业家仍犹豫不决，大多仍只想按旧路，弄点儿集装箱贸易，局势不好随时可以撤回，归根结底是企业家缺少投资方面的远见和魄力，担心血本无归。

我认为，国家应有更优惠的措施，在中非产能合作方面设立基金，对民营企业进行融资上的支持，甚至在发生难以预料的、不以人的意志为转移的灾难时，有托底功能但不是全包，只是不让企业家血本无归，比如闭厂后，可帮你支付工人离厂费等。像在拉美地区，中国设立了中拉产能合作专项基金。所以政府要有这方面支持，企业家也要转变观念，现在集装箱等低端贸易，赚不了多少钱，也不符合非洲国家需要。

中国对非经济合作也需要由贸易到投资，由低端到中高端，由简单经贸往来到相对高端产业链的合作的升级。这是互利合作，中国大量过剩的优质产能需向外转移，这是深化改革的必然阶段，同时，这也有利于非洲的工业化初期发展。

当然，我们也要考虑环境污染问题。不能污染非洲，转移的产业不能太低端，不能是要淘汰的产业，要符合或高于非洲环境标准。前不久，尼日利亚有个经济外交培训班，当地官员就有类似的担心，我当时保证，政府指导政策是不会把粗放型产业原封不动地转移过去，而是把富余的优质产业转移过去。

王琳：对于产能，如何区分是过剩还是富余优质？

刘贵今：我觉得要符合非洲总体发展水平阶段。非洲并不像人们所想的那样落后，并不是没有工业化的一张白纸，作为欧美地区的前殖民地，非洲往往在有些方面还很先进，当然也有低端产业。所以中国企业要尽量高于当地环境标准，而不是勉强符合。不过，像中国这样的发展中国家的中等技术设备和企业，还比较符合非洲当地发展需要。在这一过程中，中方也提出"共商"原则，要与非洲国家协商，严格评估环境保护条件。我们需要打消非洲国家对环境保护的顾虑。

光说风险不走出去也不行

王琳：目前相对于更早开始走出去的央企、国企，民企、私企也很积极，希望开拓海外市场，但普遍融资难，抵抗风险能力低。应该如何解决？

刘贵今：政府对企业的金融支持还需优化、细化，民企是个大问题。据商务部统计，截至2014年9月底，商务部批准对非投资项目2900多个，其中央企只占600多个，大部分为民企和地方企业，而这其中，浙江省365个，居首位，其次是山东省和江苏省，总共29个省市。所以民企应是产能合作的主要力量，但如今在海外成功的，多半是国企。

中国企业成功经历几阶段。第一阶段是资源，经过一二十年，中国已获得些可靠资源供应，加上资源价格下跌，这有利于中国公司进行海外并购等活动，但中国公司一开始也付出惨痛代价和学费，而且当时好地方已被别人占光，中国企业去的地方都是西方国家不愿意去的地方。中国当然也愿意去人权状况好、资源丰富的国家，但都被西方占光了，所以不得已，我们只好去了被西方称为独裁政权的国家。当然，秉着互利共赢的标准，当地老百姓也得好处，中国也获得了资源。任何国家发展都应有自己可靠的资源供应渠道。中国去苏丹时有战乱，冒了很大风险，但最终还是迈出了这一步。所以，"一带一路"等项目也充满风险。但如果光说风险不走出去，还是不行。学费肯定要交，我们只能尽可能少交学费，降低或化解风险。

另外，产能合作涉及很多法律规章和游戏规则，这些都是西方制定的，中国不可能改变它们，只能做些小修小补，所以必须要适应规则。对待国际标准也一样，只有当你强盛时才能制定标准。比如，中国铁路走出去，中国铁路处于世界领先地位，完全有能力制定规则，高铁造价只有欧美的29%—37%，而且拥有独立知识产权。肯尼亚的蒙内铁路，安哥拉、尼日利亚的铁路，都采用了中国标准。如果中国不迈出这一步，只能是制造业大国而非强国。现在有整体大方向，但仍像改革初期那样，摸着石头过河。

不过中国企业走出去对风险认识还不够。我们要着实做到政府搭台或引导，企业来做，而运作主导的是市场。这是一个问题的正反面，一方面不能过分看重风险，另一方面不能忽视风险，上面说什么，底下一拥而上，盲目下海不知深浅，这方面有大量工作要做。这也是为什么习近平主席说要建立新型智库。

硬件方面，民企资金困难，这固然是问题，但中国总体来讲不缺资金，只是缺乏资金机制方面的安排，缺少对投资目的国的深入了解。我们虽然有使馆和研究所，但力度不够，不接地气。我在苏丹做特使时发现，美国有大量苏丹问题研究专家，穷尽一生精力研究一个国家或地区，比如达尔富尔地区，他们对细节的了解令人吃惊，比如对叛军各派别的主要负责人及其家谱和家庭都很了解，他们有发达的情报系统。我们在这方面还需加强，政府在这方面就需出面组织，鼓励加深了解。

政府应该重视支持目的国研究

王琳：有人担心，在推动对外合作中，政府做了企业应做的事情，企业做了政府应做的事情，有一种错位。您如何看？

刘贵今：政府有超强的组织能力，在改革开放和发展方面，确实是种优势，但优势过了头就成了制约因素，政府太强势了。政府如何营造对企业有利的软环境，如何为企业提供更多更好的服务。比如先前讲的要对目的国有深入接地气的研究，为企业提供咨询，虽然这也可以靠民间来做，但政府的重视和投入也非常重要，大不一样。

王琳：部分企业家感觉，中国驻外的使馆无法向其提供想要的咨询服务以及支持和保护，您在非洲工作多年，对此怎么看？

刘贵今：这种感觉不无道理。总体讲，我国正处于向大国强国迈进的过程中。从驻外使馆的编制和人员数量来讲，很不能适应当前的需要。近几年中国出境人数已过亿，但领事干部力量严重短缺。比如，驻肯尼亚，美国使馆人员编制大约五六百人，而中国则只有二三十人。美国驻非洲使馆动不动就好几百，而中国小的只有五六人。

领事干部方面，比如大的像南非，有三四人在管；而在其他小国，一个专职领事干部也没有。所以当中国侨民提出保护或咨询时，使馆人员可能穷于应付。当然，这个问题近几年有所改变，我们国家也积极寻求扩大人员编制。很多事情都是靠人做的，这样无论是国家研究还是侨民保护上，都是有利的。

不过，我们侨民有理解偏差，比如"保护"只能在所驻国的法律范围内进行保护或合法权益维护，不可能保护非法权利。再比如，使馆不负责个人问题，手机丢了这种，报警就行，使馆不负责找回。不过，中国在几次大型撤侨活动中，表现属上乘。中国调集在索马里海域巡航的军舰到也门撤侨，得到所驻国的大力支持，这和中国不干涉他国内政有很大关系。

中国的成功是另一种文明的成功

王琳：您觉得中国的经济外交在现阶段扮演什么角色？

刘贵今：经济外交是个谈了几十年的老话题，最近几年谈经济外交，都和"一带一路"、产能合作、深化改革等有关系。中国发展到关键时期，能否实现调结构稳增长，新常态出现，不可能保持过去双位数增长，如何应对经济下行的巨大压力，在拉动经济的同时优化经济结构，等等，这些问题与战略方向的转变、"一带一路"倡议的提出、国际产能合作都有关系。

我并不认为经济大单签得多就代表关系好，这与我们最初对经济外交的理解不同，经热政冷的例子有很多，比如美国、日本。经济政治不能说完全不搭界，但也不能画等号。

2010 年中国 GDP（国内生产总值）超日本成世界第二，全球目光聚焦中国，而日本也不太能适应中国朝强国大国的方向迈进，这体现出西方国家的战略焦虑。此外，中国的成功是另一种文明的成功，虽然早前福山提到苏联的解体，社会主义的终结，但中国社会主义没终结，反而走向辉煌。

西方国家还是停留在冷战思维，还有他们的战略焦虑，并且，世界做好迎接中国和平崛起的准备了吗？我觉得这种怀疑、疑虑，一时半会儿还消除不了。所以不必把这些负面情绪看得太严重，中国在发展的途中必然要付出一些代价的。

布鲁金斯学会资深研究员
杜大伟

中国已经成为非洲地区的创变者

时间：2015年6月

美国智库"中国通"、布鲁金斯学会约翰·桑顿中国中心的资深研究员杜大伟（David Dollar）在接受专访时表示，中国的非洲战略正在改变，中国已经成为非洲地区的创变者。

曾任美国财政部驻华经济和金融特使、在世界银行工作多年的杜大伟认为，15年前，受中国增长的需求和大宗商品价格上涨的影响，中国非常关注非洲的大宗商品自然资源。在杜大伟看来，中国对非洲资源能源的投入也无可厚非，因为西方国家以及全球资本对非洲的投入大多在资源能源领域，这是由非洲自身的特点决定的。

"目前中国在非投资出现了新一波由私营部门推动的高潮。中国大批中型企业开始投资非洲服务业和制造业。"杜大伟说。

杜大伟说，虽然目前中国对非投资存量占外国对非投资的总量比重很小，但中国对非投资的流量增长很快。

中国的非洲战略正在改变

王琳：您认为过去十几年中国有非洲战略吗？未来十年里，中国的非洲战略是否会变？

杜大伟：中国的非洲战略正在改变。15 年前，中国非常关注非洲的大宗商品自然资源，比如刚果民主共和国的铁矿石和南苏丹的石油天然气，这是受中国增长的需求和大宗商品价格上涨的影响。

同时中国几乎对每个非洲国家都进行过投资援助。中国的非洲战略核心是大宗自然资源的交易。许多资源交易并未取得良好的效果，中国企业发现在非洲开发矿产项目远比想象的困难。大宗商品资源价格持续走低，相关投资也就失去了吸引力。

中国非洲战略背后的出发点有点儿错了（a little bit wrong）。中国担心自身没有足够的铁矿石和能源供给。但其实全球铁矿石和能源市场很大，运行良好。

目前中国在非投资出现了新一波由私营部门推动的高潮。中国大批中型企业开始投资非洲服务业和制造业。非洲是一个年轻的大陆，大量年轻人构成逐年增长的劳动力，大部分非洲国家经济势头良好。这将为非洲经济发展和中国投资者带来双赢。

王琳：过去 20 年里，非洲在中国的对外关系中处于优先地位。如今，中国提出"一带一路"倡议促进与亚洲、欧洲国家的联系，建立中拉合作论坛推动中国与拉美和加勒比国家的合作。在这样的新格局中，您怎样看非洲在当下及未来中国外交中所处的位置？

杜大伟：短期来看，可能会转移一定对非洲的关注，但长远来说，"一带一路"倡议促进亚洲经济一体化，对非洲发展有利。

"一带一路"倡议旨在促进亚洲经济一体化，这样仅仅获取矿产、能源就显得不那么重要了。亚洲经济一体化确实对中国经济发展十分有益。中国可以在陆上丝绸之路的中亚地区以及海上丝绸之路的沿线国家进行基础设施建设，贸易增长将促进中国与沿线各国的共同繁荣。

从短期来看，"一带一路"、中拉合作论坛等中国新的对外倡议对非洲有一点点的冲击。因为非洲地区吸引力来自自然资源。但从中长期来看，中国互联互通的倡议将使非洲受益。

非洲是世界的一部分，非洲有持续增长的人口和劳动力。亚洲的劳动力将达到峰值并开始下降。所以亚洲的优质投资机会将逐渐减少，这样的情况已经在欧洲和日本发生了。然而非洲仍是个年轻的大陆，未来几年里，非洲将吸引大批中国投资在内的外国投资。

中国对非投资与西方差别不大

王琳：也有中国学者认为，中国在非洲的实践为其他地区的合作提供了经验。比如现在"一带一路"倡议下的基础设施与国际产能，都已在非洲实践过。中拉合作论坛也能看到中非合作论坛的影子。您怎么看？

杜大伟：就"一带一路"倡议来说，有人认为"一带（丝绸之路经济带）"是习近平主席的地区构想，经由陆路打通西方世界。但我认为，许多中国领导人已经意识到"海路（21世纪海上丝绸之路）"更为重要。对于大部分贸易往来，海上运输要远比陆上运输便宜。

21世纪海上丝绸之路的构想非常英明。沿线的中国、东南亚、印度都是庞大的经济增长体。当然，这条线将自然地延伸至非洲。短期内，非洲或许不是经济一体化的首要目的地，但从中长期来看，非洲必将从经济一体化过程中获益。

王琳：中国是非洲投资的后来者，中国对非直接投资存量只占全球对非投资存量的5%，但国际舆论中却有中国正在征服非洲等论调。为什么？

杜大伟：媒体总是倾向夸大新发生事情的重大意义。中国与坦桑尼亚、赞比亚、津巴布韦的合作协议可以追溯到50年前。但在很长一段时间中国在非洲的投资都相对很少，在过去15年里才开始增长，这些新现象吸引了媒体的注意力，也引人审视。

但在我们的研究中，将中国对非投资放在更大的图景中来看，中国投资仅仅是非洲吸引的外资中很小的份额，而且投资方式也与西方投资非常相似。中国对非洲自然资源领域的投入与西方投资者如出一辙，全球投资者对非洲的投入都主要聚集在自然资源和能源领域。

中国改变了非洲的游戏规则

王琳： 中国投资会改变非洲投资的游戏规则吗？

杜大伟： 我认为中国已经成为非洲地区的创变者。中国对非洲的能源、矿产提供了大量需求。尽管最近能源价格大跌，但是乐观来看，还是会有好转，因为中国巨大的需求量还在，这为非洲带来了很多实惠。中国的金融能力足以支持非洲的基础设施建设和其他领域的大量投资。所以说中国是非洲的创变者恰如其分。

当我们谈论中国的投资份额如此之小时，我们是从投资存量来看，而不是流量。大部分西方国家的投资存量的基础是数十年近百年。但是从逐年的投资流量来看，中国对非投资的重要性十分明显，中国对非投资的份额也正在逐年增加，中国正在成为非洲非常重要的融资方。

王琳： 有人认为投资与贸易相比，存在巨大的难度差距。中国投资者走进非洲仍要做很多功课。您如何看中国对非投资的增长趋势？

杜大伟： 中非贸易额非常巨大，中国对非投资发挥了适度但积极的作用。我认为中国在非投资将继续增长，因为很多非洲国家都提供了十分有吸引力的机会。越来越多的中国私营企业在世界各地投资，中国对非投资占中国对外投资总额的比例将大大高于西方国家的非洲投资占比，而且西方投资中流入非洲的比重很小，而中国企业似乎对风险的忍受能力更强。

王琳：非洲未来哪些趋势值得关注？撒哈拉以南非洲将有哪些机遇与挑战？

杜大伟：首先面临的问题是非洲大陆 50 多个不同的国家同时存在。有一些非常成功的国家，比如莫桑比克、乌干达、坦桑尼亚，这些国家发展得很好，尤其是南非。同时，也有一些国家的政府很糟糕。非洲大陆两极分化很严重。

很多国家需要进一步经济一体化，打破壁垒和关税，促进贸易并从中受益，这将大大吸引中国等外来投资。一旦非洲地区完成经济一体化，它的内部市场将是巨大的。但是如果国家之间还有许多壁垒，那么整合将困难重重，对投资的吸引力也会下降。

非洲将在中美合作中受益

王琳：未来非洲发展过程中，中美两国将扮演什么样的角色？

杜大伟：首先，对目前非洲某些领域冲突的解决是中美两国合作的契机，比如正在南苏丹发生的冲突。中美两国都拥有联合国安理会常任理事国的否决权，因而有责任维护和平、阻止战争。

此外，非洲是世界的组成部分，拥有促进整个世界经济增长的劳动力。IMF（国际货币基金组织）的最新报告清楚地显示，过去 20 年里主要劳动力增长是在亚洲，但未来 20 年，主要劳动力的增长会在非洲。因此，资本、技术也将从中国、美国、欧洲转移到非洲，将为非洲经济腾飞打下基础。

非洲国家自己也要做好自己的作业，比如继续制定友好的经济政策，改善投资环境。中美两国将从不同层面共同努力，确保不同类型的资本平稳转移到非洲。这将惠及非洲、中国和美国三方。因为亚洲的劳动力驱动已经不足，这也是中国企业纷纷走出去的原因之一。

王琳：英国、法国已经尝试与中国一起在非洲展开合作，中美未来在非洲是竞争还是合作？

杜大伟：据我所知，中美在非洲的合作将在本月（2015 年 6 月）举行的中美战略与经济对话中进行讨论。比如，美国在贸易便利化、区域一体化政策等"软件"建设上有优势，而中国擅长基础设施建设等"硬件"的建设。非洲国家将在中美合作中大大获益。

苏丹石油部长
穆罕默德·扎耶德·阿瓦德
中苏合作成果将更加丰硕

时间：2016 年 7 月

位于非洲东北部的苏丹，东临红海，陆上与七个非洲国家接壤，地理位置优越。

苏丹与中国 1959 年建交，一直是中国传统的重点援助国。历时十多年，中国石油企业帮助苏丹建成了三大油田和一个炼油厂，帮助苏丹形成了一体化的石油工业体系，并基本实现石油自给自足并盈余出口。中国电力企业帮助苏丹建设火电站和水电站。

当前中苏合作面临新挑战。2011 年南北苏丹分裂导致苏丹石油资源损失近半。

苏丹石油部长穆罕默德·扎耶德·阿瓦德（Mohamed Zayed Awad）用多个"不幸的是"来形容南北苏丹分裂以及南苏丹内战给各方特别是南北苏丹经济民生带来的冲击。

目前中石油仍然通过苏丹的输油管道在苏丹港出口在南苏丹生产的石油，不过中国石油天然气集团公司南苏丹公司需要付关税。

2015 年 12 月，中国国家主席习近平与近 50 位非洲国家的领导人共同举行了中非合作论坛约翰内斯堡峰会，这是中非合作论坛这一机制成立以来时隔十年再次举行领导人峰会，中非合作进入了新时期。

苏丹很有可能同时享受中国提出的"一带一路"和中非合作的双重利好。

中国与苏丹希望抓住共建"一带一路"的契机，发展石油冶炼、电力、农业等多领域合作。

王琳：中苏石油能源合作的现状和未来如何？

阿瓦德：中苏两国早在 1995 年就建立了石油合作关系。我认为这是中苏两国各领域合作中最为重要的一个领域。石油合作为中苏两国民间合作树立了典范。

自 1995 年起，中国石油天然气集团公司，也就是中石油，参与了苏丹石油勘探、生产、运输项目，同时苏丹也向世界出口石油。但石油出口并不是从 1995 年开始的。中石油是在 1999 年从苏丹出口了第一批石油。自那时起，我们开展了十分默契的合作。中方也就是中石油，向苏丹石油领域投资已超过 150 亿美元。投资项目包括：石油勘探、石油生产、输油管道建设。我们合作建造了长达 3000 公里的输油管道。事实上，这是由两条管道组成的，每一条管道大约有 1500 公里。输油管道始于南苏丹的产油区，途径喀土穆，直达海运码头——苏丹港。我们一如既往地开展紧密合作。

我们可以得到中石油的帮助真的是万幸。因为，在中石油进驻苏丹前，我们与美国石油公司雪弗龙一直在苏丹市场开展合作。但在 1992 年，雪弗龙退出了苏丹市场。此后，也就是在 1995 年，巴希尔总统访问中国，与中国建立了合作关系。2015 年，中苏两国庆祝了石油领域合作 20 周年。我们两国合作建造了炼油厂，也就是现在位于苏丹的炼油厂，主要生产民用石油产品。

我们也在其他领域进行合作，比如，电力领域，我们合作建造了大坝，中方也帮助苏方建设地上输电线路电力基础设施。

这都是中苏两国的合作成果。未来中苏合作会取得更加丰硕的成果。

王琳：当前国际社会与中方都十分关注苏丹、南苏丹的内战以及后续。南苏丹政局动荡会给苏丹石油产业造成什么样的影响？

阿瓦德：这个问题很有意义。南苏丹是在 2011 年 7 月建立的。自那时起，苏丹痛失约 70% 的石油产量，准确地说是痛失 75%。现在，我们仅有 25%。但是，我们并未放弃，我们也在想办法提高石油产量。在南苏丹建立之前，苏丹石油产量为 450 000 桶 / 天。而现在，我们的石油产量仅有 100 000 桶 / 天。但我们仍然竭尽全力提高产量，加强石油勘探。迄今为止，在苏丹，石油产量占已发现的石油储量的 42%，这就意味着，还有 58% 的石油需要我们开采或生产。

如果将我们已发现的石油储量作为基数，那么我们开采的石油量，自 1999 年刚刚开始开采算起，我们仅开采了 12%。因此，在我们所发现的石油储量中，还剩 88% 的石油仍在地下储存，并未开采。关于我们的炼油厂，炼油厂的生产力确实不能适应人民的需求，因此，我们会从国外进口一部分制成品，进口 25%，用来弥补石油产品供应量不足。

不幸的是，在我们做这个决定前，南苏丹的石油生产链本身就比较薄弱，每天可生产 50 000 桶。但由于当地的动荡，由于内战，我们听说南苏丹的内战现在还未停止，南苏丹的石油产量已经受到了很大冲击。现今，他们每天只能生产 150 000 桶，是我们之前留给他们的原产量的一半。这就是当地的动荡所导致的。当然，在南苏丹建立后，在苏丹和南苏丹运营的公司将会分为南北两半。以前确实是一个整体，属于一家公司。

不幸的是，由于当地的动荡，中石油位于南苏丹，所以也受到了影响。当然，公司还是通过我们的输油管道出口石油，因此他们现在通过我们所建的旧管道，将石油输往苏丹港，出口石油。当然，他们还需要付关税。我们也帮助他们通过石油出口赚取利润。

王琳：此次中非合作论坛约翰内斯堡峰会成果落实协调人会议期间，苏丹是否会与中方签署一些项目合作协议？

阿瓦德：此次，我们有许多合作项目需要签署。我们打算签署一些石油交易集团的协议，比如，有关石油勘探以及石油生产方面的。同时，还会有一些其他的项目，比如，有关天然气利用方面的项目，能够帮助我们更好地利用已发现的天然气。

我们也会签署炼油厂、地面交通和航空项目的有关协议。另外，我们也会有农业领域的合作。

盖茨基金会首席财务官
吉姆·布罗姆利

非洲卫生与农业急需私人投资

时间：2015 年 12 月

中非合作论坛约翰内斯堡峰会期间，中国第一支专注对非投资的股权基金中非发展基金与全球最大基金会比尔和梅琳达·盖茨基金会（下称盖茨基金会）签署协议，成立 2 亿美元的联合基金，在对非医疗投资和农业投资方面进行合作。

盖茨基金会首席财务官吉姆·布罗姆利（Jim Bromley）接受王琳专访时表示，联合基金希望投资健康、农业及相关领域的公司，为身处劣势的穷人群体，提供高质量且能负担得起的产品及服务，在产生实实在在的效果的同时确保商业上的可持续性。

对于中非合作论坛约翰内斯堡峰会，布罗姆利认为，中非双方在本次中非合作论坛上对"南南合作"做出了更深入、更全面的承诺。

盖茨基金会总部位于美国西雅图，成立于 2000 年，创始人为比尔·盖茨和梅琳达·盖茨。盖茨基金会在推动对非农业合作以及医疗和公共卫生发展方面做了大量工作，项目覆盖非洲的主要需求国。

156

对非医疗与农业合作成为盖茨基金会与中国这个非洲发展参与者、贡献者的重点合作领域，2015年9月，盖茨基金会与中国负责对外援助的商务部签署关于非洲农业开发和对非医疗卫生的合作谅解备忘录。

此次，盖茨基金会是中非发展基金四个签约伙伴中唯一一个国际非政府组织，双方成立联合基金在中国探索在非洲与第三方进行跨区域合作的背景下更具探索性和前瞻性。

布罗姆利具有丰富的投资银行工作经验，目前负责盖茨基金会的投资项目。

应对非洲疾病、饥饿和贫穷

王琳：盖茨基金会为何与中非发展基金在非洲开展合作？合作重点是什么？

布罗姆利：中非发展基金具有丰富的对非投资经验和管理能力，对非投资总额已达30亿美元，并取得了良好的业绩。此外，中非发展基金与盖茨基金会在对非合作领域有着一致的发展目标，特别是卫生和农业领域。这让中非发展基金成为盖茨基金会的理想合作伙伴。

盖茨基金会将利用自身在重点行业的专业知识，以及汇聚公共和私营领域合作伙伴的能力，为双方成立的联合基金创造价值。

盖茨基金会的目标是通过此次合作促进来自中国的可持续投资，应对非洲疾病、饥饿及贫穷等问题，从而改善民众生活。

在初始阶段，双方重点将主要放在健康及农业领域，但希望未来能够扩展到其他发展领域。

新设立的联合基金标志着盖茨基金会在支持中国发挥自身优势解决全球重大发展挑战的道路上再次迈出了令人振奋的一步。

联合基金双方各出资 50%

王琳： 新成立的联合基金规模如何？将如何管理？重点投资领域和地域有哪些？

布罗姆利： 依据双方的框架协议，联合基金的初始规模为 2 亿美元，双方各提供 50% 的资金。双方亦将共同确立一个治理与决策框架，以实现我们对于联合基金的共同愿景。

如上所述，联合基金的初始发展重点为健康和农业领域。具体而言，我们希望投资健康、农业及相关领域的公司，为身处劣势的穷人群体提供高质量且能负担得起的产品及服务，在产生实实在在的效果的同时确保商业上的可持续性。

联合基金的投资范围仅限于非洲地区，并主要集中于撒哈拉以南非洲地区。

明确中非合作路线图

王琳： 您对中非合作论坛约翰内斯堡峰会的成果有何评价？就投资方面而言，盖茨基金会将如何参与中非合作？

布罗姆利： 我们看到中非双方在本次中非合作论坛上对"南南合作"做出了更深入、更全面的承诺。双方抓住此绝佳机会，巩固先前合作成果并进一步加深现有合作关系。《中非合作论坛约翰内斯堡峰会宣言》及《中非合作论坛——约翰内斯堡行动计划（2016—2018）》的正式通过具有重要意义，为未来中非合作勾画出明确的发展路线图。

我们很高兴能在此盛会期间，宣布与中非发展基金的合作。在未来几年里，中国将与非洲合作促进非洲地区的发展，盖茨基金会也将继续为中国提供支持。中国所具备的经验、资金、生产及技术能力在很多方面都与盖茨基金会为非洲发展提供市场导向型解决方案的目标相适应。我们希望发挥催化剂的作用，助力创建一个能吸引中国企业加大对非投资力度的生态系统，从而为那些最需要的人们提供更多创新且负担得起的产品及服务。

加大私营部门投资非洲健康与农业

王琳：您在投资银行领域拥有丰富的经验，对于中国在过去几十年以及未来若干年间对非洲的投资，您做何评价？您认为中国在对非洲进一步投资时又会遇到哪些严峻挑战？

布罗姆利：中国对非洲基础设施建设所做的贡献，对非洲经济的起飞起到了十分重要的作用。同时，我们认识到，有效的发展还需要一些特定的基础设施，即那些能够加强基本医疗服务系统、确保女性能用上避孕用品、帮助贫困农民提高农业产量并将产品成功投放市场的基础设施。

同时，我们还必须小心避免上述基础设施进一步加剧贫富差距。而其他合作伙伴，特别是私营领域的合作伙伴，则可投资建设让人人都能获益的优质、有效的基础设施。

目前，中国私营部门在非洲健康和农业领域的投资比例极低，不到中国对非总投资额的 10%；但是，中国政府计划在 2020 年将对非投资额提升至 2000 亿美元，在这一目标的驱动下，我们希望看到私营部门在健康和农业领域的投资比例进一步上升。

对非投资所面临的最大挑战之一就是为非洲提供高质量、有效且能为贫困人群负担得起的产品。然而，对中国而言，这一挑战正是其优势所在，因为中国拥有生产优质低价产品的丰富经验，这一点可使其迅速融入非洲市场。另一项挑战则是非洲投资环境的复杂性，以及境外公司进入非洲市场时所面临的障碍。

王琳： 除中非发展基金以外，盖茨基金会在非洲是否会同其他金融机构建立合作关系？比如国家开发银行、中国进出口银行、非洲开发银行，或者有两个非洲成员国的亚洲基础设施投资银行。

布罗姆利： 我们与很多金融机构有合作关系，既有与以发展为导向的国际金融公司和非洲开发银行的合作，也有与传统金融机构如摩根大通等的合作。我们与中非发展基金的最新合作为我们提供了一个前景广阔的新机遇，也为我们未来继续扩大合作范围奠定了良好的基础。我们十分期待与其他金融机构建立合作关系，从而促进更多私营部门的资本投入到健康和农业领域。我们寻求的是在能力和实力上能与我们形成互补的合作伙伴，从而实现促进发展的目标。

推动公私合作模式

王琳： 中国正在探索在非洲与第三方建立多边合作的机会。盖茨基金会如何评价非洲第三方或多边合作的可行性与前景？例如中国-非洲国家-国际非政府组织或中国-非洲国家-美国这类多边合作。

布罗姆利： 我们对此持积极的态度，因为这有望惠及所有参与方。公私合作具有十分重要的意义，因为我们要解决的问题十分复杂，需要具有不同资源、能力和视角的各方共同投入。要想开创能够促进发展并惠及穷人的可持续解决方案，我们必须借助私营企业的力量，利用他们的创新能力和资本，同时也要与各国政府合作，通过他们推进、驱动此类合作关系的发展。

联合国机构以及其他非政府组织（例如盖茨基金会）一直在开展合作，整合利用各方资源，以填补私营企业和政府之间的空白。要想找到有效的长期解决方案来解决最具挑战性的发展问题，我们需要所有各方的群策群力。

凭借自身丰富的经验及广泛的资源网络，盖茨基金会拥有推动公私合作关系发展的独特优势。

举例来说，我们与中非发展基金建立的联合基金就是为了投资那些商业领域中能为极端贫困人口提供解决方案的公司，支持其实现可持续的业务发展。

与此同时，我们仍然需要政府部门的参与，从而确保这样的公司能取得成功。依靠强大的号召力，盖茨基金会不仅能汇聚所有相关各方，同时也能确保投资过程的顺利进行。

第三方力量（国际组织多边开发机构和私人企业）

世界银行首席执行官克里斯塔利娜·格奥尔基耶娃：
世界银行能为"一带一路"建设提供知识和经验

联合国副秘书长沙姆沙德·阿赫塔尔：
基础设施建设赤字国渴望"一带一路"

欧洲复兴开发银行总裁苏马·查克拉巴蒂：
"一带一路"与欧洲投资计划对接

非洲开发银行行长唐纳德·卡贝鲁卡：
非洲需要"非投行"

金砖国家新开发银行副行长马磊立：
超越"最佳实践" 追求"未来实践"

麦肯锡董事长鲍达民：
建议设立"一带一路"跨国仲裁机构

盖茨基金会全球项目总裁马克·苏兹曼：
中非合作潜力大 期待与亚投行合作

加拿大养老基金投资公司总裁（2012年7月—2016年6月）魏马克：
看好中国经济长期趋势 或与亚投行联合投资

世界银行首席执行官
克里斯塔利娜·格奥尔基耶娃

世界银行能为"一带一路"建设提供知识和经验

时间：2017 年 3 月 19 日

世界银行（下称世行）首席执行官克里斯塔利娜·格奥尔基耶娃（Kristalina Georgieva）接受王琳专访时表示，世行行长金墉博士将出席 2017 年 5 月在北京举办的"一带一路"国际合作高峰论坛（BRF），世行最高领导人参与 BRF 显示出世行愿与中国在当今世界协作与合作，也愿帮助实现其他国家的转型发展。

中国提出建设"一带一路"的倡议三年有余，5 月将在北京举办"一带一路"国际合作高峰论坛，这是中国 2017 年最重要的主场外交。

"参与'一带一路'建设的很多国家是世行的成员，世行非常了解这些国家的现状和民众的渴望。"格奥尔基耶娃说。

格奥尔基耶娃赞赏中国在承担更多的国际责任。她说，世行乐见中国经济迅速发展，在全球经济中的份额上升。此外，中国还肩负更多责任，为全球其他国家的发展提供资金和经验。

世行了解"一带一路"国家

王琳： 中国提出建设"一带一路"的倡议三年有余，今年（2017 年）5 月将在北京举办"一带一路"国际合作高峰论坛，有人认为中国"一带一路"的倡议体现了中国支持全球化的领导力。您怎么看"一带一路"建设？世行会与中国如何合作？

格奥尔基耶娃： 世行乐见中国经济迅速发展，在全球经济中的份额不断上升。中国肩负责任，为全球其他国家的发展提供资金和经验。

参与"一带一路"建设的很多国家是世行的成员，世行非常了解这些国家的现状和民众的渴望。世行行长金墉博士将参加"一带一路"国际合作高峰论坛，世行最高领导人参与此次高峰论坛显示出世行愿意增强全球合作。

世行与亚投行是合作机制下的健康竞争

王琳： 亚洲基础设施投资银行（下称亚投行）成立之初，外界曾对其与世行和亚洲开发银行竞争有所担忧，现在亚投行已经运作一年多，世行也与其开展了合作，您认为未来世行与亚投行可能是竞争关系吗？

格奥尔基耶娃： 世行与亚投行一定是合作的关系。建立亚投行的初衷是值得祝贺的，世行愿为新成立的国际多边开发机构贡献专业知识和历史经验，将我们所有的流程、治理、采购管理等经验与亚投行共享。

我们与亚投行合作了几个项目，其中一个联合融资项目就是在印度尼西亚的贫民窟改造，目前在酝酿中的合作项目还有多个，我们将世行成熟的长期积累的项目管理经验、能力与亚投行的融资能力形成互补。

很多世行的前员工正在为亚投行服务，这也促成了世行与亚投行个人之间的合作。仅仅从我今年（2017年）1月份开始担任世行首席执行官以来，就与亚投行的行长和副行长进行了两次见面。

的确在所有的国际多边开发机构中就理念和开发好项目上是有一定的竞争因素，但这是非常健康的、在合作的机制下的竞争，我们着眼于要解决的问题。全球发展对于国际多边开发机构的需求是庞大的，比所有多边开发机构的资金和能力之和还大好几倍。

想一下，今天的世界还有24亿人无法用电，道路、港口、机场、电力、教育能力、医疗能力，这么多需求都需要满足，这需要我们共同合作努力几十年。

我们能够锁定的目标是，共同合作相比单打独斗能获得更大的成果。

引入私人资本参与国际发展

王琳：您今年（2017年）1月就任，参与金墉行长在世行的第二任期工作。未来几年世行的工作和改革重点是什么？

格奥尔基耶娃：我们仍将继续追求世行一直以来的两个目标，促进世界的减贫和共享的繁荣。这也是所有多边开发机构和世行成员国的目标。

在治理方面，我们继续努力成为一个能够反映当前全球经济现状的银行，如果世界经济格局发生了变化，世行也要改变。今天的世界变化很快，比十五年前十年前快多了。很多人面临变化更脆弱、更无助了，我们要帮助这些人。我们有能力顺应变化做出变化。

要引入更多私人资本来参与国际发展，世界上有足够的金融资源，关键是要发现可供开发的好项目，我们希望最不发达的国家也能获得发展所需的金融资源。

世界银行首席执行官克里斯塔利娜·格奥尔基耶娃

167

世行第一次在面向贫困国家的国际开发协会设立了可供私人资本使用的软贷款窗口，用以共同开发项目，共同解决这些最不发达国家的困难。

当下全球仍有 2000 万人有饥饿致死的风险，在南苏丹、索马里、尼日利亚北部、也门、肯尼亚和埃塞俄比亚部分地区，人们因为干旱、战乱等而没有足够的食物果腹致死。

世行拿出 16 亿美元来率先行动，来防止饥荒造成的大规模死亡，我们希望能带领包括中国的更多国际合作伙伴来共同参与。

联合国副秘书长
沙姆沙德·阿赫塔尔

基础设施建设赤字国渴望"一带一路"

时间：2017年3月18日

联合国副秘书长兼亚洲及太平洋经济社会委员会（下称联合国亚太经社会）执行秘书沙姆沙德·阿赫塔尔（Shamshad Akhtar）认为，联合国亚太经社会在"一带一路"建设中能发挥特定作用。其机构参与"一带一路"的一个举措是探讨"一带一路"如何加速和强化一些已有次区域倡议。

阿赫塔尔格外关注"一带一路"框架下六大经济走廊的建设。她认为，虽然有的"走廊"是双边项目，但仍然能让多方受益。

她指出，中巴经济走廊不仅能让中巴两国受益，同时能让阿富汗和中亚国家受益。面对中巴经济走廊基于中巴两国独特双边关系而无法复制的疑虑，阿赫塔尔认为，很多国家和巴基斯坦一样都面临能源基础设施建设赤字的难题，都非常渴望得到"一带一路"倡议的支持。

阿赫塔尔认为，中国和其他的合作伙伴将能够探索出符合实际需要的有效"走廊"。

"一带一路"推动已有次区域合作

王琳： 您如何理解"一带一路"倡议？

阿赫塔尔： "一带一路"倡议广受欢迎，一些"走廊"的开发已经开始，但因为"一带一路"是一个长期的系统工程，它涉及多个国家和地区的多个行业，我们可能覆盖其他区域合作和经济一体化倡议。就像在亚洲有东盟共同体，它的目标是实现同样的事情。

联合国亚太经社会参与"一带一路"的一个举措是探讨"一带一路"如何加速和强化一些已有次区域倡议。例如，要开发的交通网络，如果它专注于解决东盟地区公路或铁路的缺失环节，"走廊"开发将会使腹地联通至港口。

我们联合国亚太经社会能发挥特定的角色作用。

首先，我们能够接受"一带一路"参与国和中国的委托来进行分析性的工作，从多边的角度提供独立建议，包括如何推动"一带一路"的多边合作，如何在联合国亚太经社会的平台上来进行双边和多边合作的谈判。

其次，因为我们正在推进的事，我们有交通、能源、通信、贸易与投资等不同的委员会，所以联合国亚太经社会不同委员会能够共同推动"一带一路"。比如减少关税壁垒将促进中国和"一带一路"参与国的经济增长。我们来增强硬基础设施外的政策等软基础设施的联通，要想适应一体化合作，各国需要做出相应的政策改变。比如采用电子跨境贸易协定能够减少贸易的时间和成本。这样互联互通的"走廊"才能将经济效益最大化。

双边经济走廊能让多国受益

王琳："一带一路"率先受益的地区是东南亚、南亚。您在联合国工作，您如何评估这些地区的国家对"一带一路"的看法？中国应该更关注合作伙伴的哪些需求？

阿赫塔尔：第一，大家都对"一带一路"倡议很兴奋，因为所有国家都能从"走廊"的开发中获得发展。不只是一个国家获益，整个"一带一路"有六个经济走廊，即使你聚焦于一个"走廊"的发展，也会自动地帮助更多的国家。比如中巴经济走廊，它不仅帮助中国和巴基斯坦，它实际上会帮助像阿富汗、塔吉克斯坦等内陆国家途径巴基斯坦获得瓜达尔这样的出海港口。即使是双边的"走廊"也是对许多国家有益的，还是看我们如何构造和解释这一点。

第二，从中国的角度来看，加强某些要素是很重要的，例如，当在做某项基础设施项目时，我们必须尊重项目的社会环境保障。这是一个考虑的方面，而且还着眼于有利的环境和关于"走廊"的政策，这样可以最大限度地利用优势。

第三，建设"一带一路"不仅仅是铺设道路网络，更重要的是要有能源的联通，要有信息通信连接，要有沿经济走廊的工业化，这样你可以从道路上获得更高的使用频率。

我认为我所代表的联合国亚太经社会是一个中立的平台，它不偏袒任何国家。我们已经在亚太地区的多区域合作和一体化方面多次讨论，那不是"一带一路"，是旧的区域合作和一体化，所以我们正开展与亚洲的交通互联互通工作。我们目前正在促进东盟地区电网的联通，"一带一路"倡议很重要的作用是"一带一路"的参与国对一些次区域倡议的参与更加紧密了。因为"一带一路"对一些已有次区域一体化倡议的推动增强了参与国的信心。

我们联合国亚太经社会的工作同样适用于所有 60 多个国家，"一带一路"成员与联合国亚太经社会成员高度一致，我们可以协同中国建立合作伙伴关系来推动"一带一路"具体政策的落地。可以通过联合国亚太经社会的平台来推动政府间会议讨论"一带一路"，这样也会增强参与国对"一带一路"建设的信心。并不是说联合国亚太经社会将代表中国政府，我们会进行我们独立的分析，并且邀请各方参与讨论。

王琳： 您怎么评估中巴经济走廊？有人认为风险太高，有人认为中巴经济走廊的实践无法复制到其他"一带一路"国家。

阿赫塔尔： 对于可复制性，我不认为是一个问题。因为很多国家和巴基斯坦一样都面临能源基础设施建设赤字的问题。所以很多国家都非常渴望得到"一带一路"倡议的支持。所以一旦双方有共同的利益，无论面临怎样的困难和复杂性，都会自动产生可以谈判的合作空间。我认为中国和其他的合作伙伴将能够探索出符合实际需要的有效"走廊"。

欧洲复兴开发银行总裁
苏马·查克拉巴蒂

"一带一路"与欧洲投资计划对接

时间：2016 年 3 月 19 日（中国发展高层论坛期间）

欧洲复兴开发银行（EBRD）总裁苏马·查克拉巴蒂（Sir Suma Chakrabarti）告诉王琳，联合融资和共享经验是欧洲复兴开发银行等已有开发金融机构与亚洲基础设施投资银行（下称亚投行）、金砖国家新开发银行（下称金砖银行）等新机构合作的两个主要领域。

查克拉巴蒂说，在已成立的国际多边开发机构中，欧洲复兴开发银行率先对新成立的亚投行和金砖银行表示大力欢迎。EBRD 在两家新机构筹建第一天就从无到有地帮助它们。

除了联合融资，欧洲复兴开发银行还帮助亚投行与金砖银行考虑流程、机制、沟通、标准、环境保护等治理经验。

欧洲复兴开发银行是欧洲地区重要的开发性金融机构之一，在法国前总统弗朗索瓦·密特朗提议下于 1991 年成立，总部设在伦敦，成立初衷是帮助中东欧国家实现经济向市场转轨。

帮助 36 个运营国吸引中国投资

王琳：您对中国加入 EBRD 的最大期待是什么？

查克拉巴蒂：中国加入 EBRD 能做出很大贡献。

首先，EBRD 将促进中国发展经验在成员国特别是在 36 个运营国的分享与学习。中国有多年成功的发展经验和发展模式，很多国家都对中国的发展模式和经验感兴趣，希望了解哪些适合自己，哪些不适合。

其次，根据我们的初步估算，在 EBRD 的运营国中，中国的投资现状与投资潜力之间仍有 40%—50% 的巨大缺口。这意味着在北非、中亚、东欧和土耳其都需要更多中国投资，EBRD 可以帮助这些地区和国家吸引更多中国投资。我们希望扩大与中国企业、中国金融机构的商业合作，EBRD 可以成为中国对这些地区和国家投资时强有力的合作伙伴。

吸引中企参与哈萨克斯坦首个 PPP 公路项目

王琳：EBRD 如何促进全球基础设施的开发？能与中国做些什么？

查克拉巴蒂：目前限制全球基础设施投资的不是资金问题，而是银行可担保的、有利可图的基础设施项目太少。很多基础设施投资建设的提议都没有很好地整合，EBRD 目前正在促进基础设施项目的便利化准备，帮助开发基础设施项目，增加优质基础设施项目供给。

EBRD 还在与一些国家合作改善他们的法律和监管框架，来让基础设施投资流程更为简单便捷。比如 EBRD 深度参与了一个哈萨克斯坦 PPP（政府与社会资本合作）项目，是一个公路项目，将在今年（2016年）年末或明年（2017 年）年初落地。哈萨克斯坦此前没有 PPP 法，EBRD 帮助哈萨克斯坦设立 PPP 法。这些都是 EBRD 和中国可以一起做的事情，同时吸引中国企业与我们一起参与这些项目。

王琳： EBRD 作为已有的多边开发机构，将如何与亚投行、金砖银行这些新机构相处并合作？

查克拉巴蒂： 在已成立的国际多边开发机构中，EBRD 率先对新成立的亚投行和金砖银行表示大力欢迎。EBRD 在两家新机构筹建第一天就从无到有地帮助它们。首先，帮助它们考虑流程、机制、沟通、标准、环境保护等。其次，联合融资。亚投行与 EBRD 有很多共同的运营国家，今年稍晚些时候，EBRD 与亚投行将有两个共同融资的合作项目。

非洲开发银行行长
唐纳德·卡贝鲁卡

非洲需要"非投行"

时间：2015 年 7 月 20、21 日

　　2015 年 7 月下旬，即将结束非洲开发银行（下称非开行）行长十年任期的唐纳德·卡贝鲁卡（Donald Kaberuka）访问了中国，在北京和上海密集会见了多位财经界、外交界的同人。

　　卡贝鲁卡领导非开行的过去这十年，是中非关系迅速发展的十年，也是中国在非洲影响力空前上升的十年。基础设施建设与融资，是卡贝鲁卡在非开行任上力推的重点，他也因此被称为"基建先生"。

　　在卡贝鲁卡的直接推动下，非洲开发银行集团旗下成立了专注于非洲未来 50 年基础设施建设的非洲 50 基金，卡贝鲁卡认为，非洲 50 基金与亚洲基础设施投资银行（下称亚投行）相似，都是为基础设施建设建立一个蓄水池性质的机制。

　　曾任卢旺达财政与经济部长、主导卢旺达内战后国内经济金融体系重建的卡贝鲁卡在英国获得经济学博士，强调非洲要从新兴市场学习发展经验和教训，欢迎中国企业进入非洲金融业。"这是水到渠成的事情，这样才是真正进入非洲。"

卡贝鲁卡坦言，自己是亚投行的坚定支持者。他期待亚投行能够从体系机制、管理治理等方面践行 21 世纪开发机构的新特点。同时，他也坚信，中非合作在中国筹建亚投行带动的全球基建投融资建设热潮下将有更大发展。

谈及当下国际金融机构和全球治理体系的改革，卡贝鲁卡说，现有全球治理体系不公平、不适应现实，有的机构的使命已经完成了。他还强调，对于机构改革，比股权和份额更重要的是改革的能力和合法性。

2016 年，中国主办二十国集团（G20）峰会，卡贝鲁卡也提出了自己的期望。他希望 G20 能发挥更大作用，因为全球治理体系改革关乎所有国家。而且，在"后危机时代"，卡贝鲁卡认为增长和不平等是两个基础性问题。在促进各国，尤其是发展中国家经济增长的同时，也需确保国内各阶层的平等发展。或许，这将成为中国 G20 峰会中一个全新的议题。

现年 63 岁的卡贝鲁卡来自非洲东中部袖珍国卢旺达，在卢旺达仅持有非开行 0.2% 的股份的情况下，卡贝鲁卡战胜了非洲人口第一大国尼日利亚的候选人，担任非开行行长。卡贝鲁卡的继任者来自尼日利亚。卡贝鲁卡认为，国际机构负责人的竞选不是投国家，而应该投给人。

非洲发展首先要解决三个问题

王琳：您如何看待十年间中非关系和非开行所取得的成就？

卡贝鲁卡：我在任的这十年，非洲发展迅猛，变化很大。我认为要保持持续的增长与发展，三个问题至关重要，这也是非洲大多数国家必须考虑的。第一，加大基础设施建设力度。第二，引入私人资本。第三，整合非洲市场，促进经济一体化进程。

非洲意识到与新兴大国合作并学习其发展经验非常重要。中国拥有

13亿人口，非洲拥有近10亿人口。因此，非洲需要探索如何整合市场、推动一体化市场运作。上述三点对非洲大多数国家来说，是目前首先要考虑的问题。

2007年，非开行与中国政府开展深入合作，当时我在上海与中国人民银行周小川行长见面，由此建立了中国与非开行非常密切、运行良好的合作机制。后来（2014年）非开行从中国人民银行获得20亿美元的融资，共同设立了"非洲共同增长基金"，用于非洲基础设施及工业化建设。

非开行与中国人民银行的合作之所以成功，在于中方信任非开行的机制和在非洲的角色。非开行负责做项目前期调查、项目分析等工作，向中方提供数据，中方仅需要做投与不投的决定，非开行帮助中方缓解了工作的繁重和复杂。目前，我们在这些方面已经为五个项目提供融资，其中包括埃及第二大国际机场沙姆沙伊赫国际机场。

中企在非洲需要提高标准

王琳：中国和非洲一直是老朋友，但有人认为当下中非老朋友之间似乎出现了一些新问题，是吗？

卡贝鲁卡：不。我不这么认为。过去几十年里，中国与非洲在基础设施建设以及能源领域进行了密切合作，但是物流和基础设施建设本身并不直接意味着增长，修建道路和贸易港口也是为了促进贸易。

我期待下一步中非合作的关注重点能够转向如何为打算在非洲开展事业的中国企业和实业家提供便利，比如需要怎样的融资、需要什么样的政策。这样就能明白，亚投行以及非开行的要旨在于发现和识别那些能够激励更多中国商人来非洲生产投资的"兴趣点"。目前一些中国商人对柬埔寨、老挝、缅甸的投资兴趣似乎高于对非洲的投资兴趣。因此，我们需要在为中国投资者提供资金支持和丰富的金融产品上下功夫。

李克强总理 2014 年访问非洲，提出的倡议聚焦于基础设施建设和拓展非洲物流空间上。因此，2015 年中非合作论坛我们需要将注意力集中于工业化建设上，同时，探索如何进一步为中国企业家在非经营提供投资便利。这也是非洲国家需要进一步努力的地方。

王琳： 当前，中国企业正在走向全世界，对非洲充满兴趣。中国企业也可以在非洲基建 PPP（政府和社会资本合作）融资中发挥重要作用。但中国企业在非洲的角色似乎存在争议。一些西方国家经常批评中国企业在非洲的作为。您如何看这一问题？

卡贝鲁卡： 有这样误解的人只是少数。中国企业最初来非洲的时候，的确吓到了欧洲企业。但是他们很快意识到，在全球化趋势下，没有一个地方会独属于某些人。欧洲企业来非洲很多年，当下非洲发展很快，也从新兴市场学习经验、吸取教训。

我不理解那些对中国在非洲的反对声音。因为在一些非洲国家，土耳其的势力强于中国；在莫桑比克，巴西比中国影响更大。但所有的批评都聚焦在了中国企业身上。

我认为这是因为中国企业与欧美企业存在竞争关系，尤其在石油领域。欧美企业在他们原来独占的油气资源上，面对新加入的中国人，感受到了竞争。批评者多站在政治经济学的角度，但我相信，对中非合作存在误解的人只是少数。

特别值得注意的是，像中国这样的大国会有非常优秀的企业，也存在很弱的企业，这是每个国家都存在的情况。如果中国政府关注这些在非企业的发展，就应该确保企业在走出去竞争之前已经具备了足够的能力。为了竞争，企业会缩减成本，打破一些规矩。我之前遇到过一些缺乏能力、在非洲表现欠佳的中国企业，我也遇到过非洲、欧洲很弱的企业。一家中国企业犯了错会被看作是中国犯错。中国企业在非洲发展需要更高的标准。

中企进入非洲金融水到渠成

王琳：中国与非洲的金融合作正在积极展开。前不久，中国首家人民币结算银行在南非落地。您如何看人民币在非洲的前景？非洲会成为人民币国际化的突破口吗？

卡贝鲁卡：我非常欢迎中国企业进入非洲金融服务业。这样中国企业就会成为广袤非洲的一部分。中国工商银行 2008 年收购了非洲最大银行——南非标准银行 20% 的股权。中非合作始于自然资源，然后进入基础设施，现在中国企业进入非洲金融业是非常自然的过程。发展基础设施不仅是建设，融资很重要，这样才能够带动一系列的经济增长。

我们需要更多的中国银行不仅进入非洲，而且超越非洲。我必须要说，在金融危机期间，非洲国家和机构在金融监管上做得非常好。非洲的银行资本充足、资产质量良好，管理也非常有效。非洲多数国家的市场环境良好，很多银行正处于转型中，比如摩洛哥的银行业。

王琳：一些非洲国家的中央银行已经将人民币作为本国的储备货币。津巴布韦提议将人民币作为其官方流通货币之一，您认为这可行吗？

卡贝鲁卡：我认为人民币迟早会成为国际储备货币，只是时间问题，在我看来，当下就可以，但具体多久取决于外部对人民币重要性的认知。我觉得没什么理由能在国际储备货币中排除人民币，没有道理。

王琳：一些国家，如英国、法国、美国已经提出要与中国在新兴市场，包括非洲，进行合作。您如何看中国与这些西方国家在非洲的合作？非洲人民会欢迎吗？

卡贝鲁卡：非洲对所有投资者都是开放的，非洲市场面向所有人，无论他们是独自而来还是结伴而行。这些都不是问题。我认为问题在于，如何提供一个良好的投资环境以及如何鼓励企业家来投资。非洲人民欢迎所有的投资者。

王琳：目前，金融领域的合作是中非合作的优先领域。其中，南非已经成为中非金融合作的"排头兵"，中国工商银行收购了南非标准银行就是例子。您认为中非金融合作将走向何方？

卡贝鲁卡：中国金融机构在南非的拓展将进一步加深中非金融领域的长期合作。这不仅大大便利了中国投资者，也促进了非洲金融机构的发展。我认为，如何进一步为来非投资者提供"一条龙"的金融支持、提供一系列的金融产品是重要议题。因为不同的投资者需要不同的金融服务，有些需要资金担保，有些则需要股本，而有些则寻求长期的借贷。因此，在工业化发展的"棋盘"中，下好金融合作这枚"棋子"成为关键"一步"。

非洲的债务不是问题

王琳：一些人对中国向非洲大笔放贷表示担忧。比如，安哥拉和津巴布韦的领导人已经到北京请求延长借债期限，因为目前国力难以支付中国的债务。中国在安哥拉的融资模式，是用本国的资源还债。但是就目前能源市场持续低迷的情况来看，这种偿还方式似乎也变得愈加困难。您怎么看？

卡贝鲁卡：所有的出口国家都在不断变化的市场中，关键问题在于投资。我不认为偿还债务是一个问题。我认为，只要市场的经济基础仍然是稳固的，只要投资仍然在合适的领域进行着，只要我们的监管措施仍然发挥作用，我丝毫不担心当下非洲国家的债务问题。

世界上所有的石油国家，不仅在非洲，都面临投资与借贷的难题，但我不认为这就意味着他们不用还债。我丝毫不担心安哥拉的还债能力。像俄罗斯和中东国家面临的情况，安哥拉不会出现，因为安哥拉的情况完全不同。

王琳：一些国家对中国对非债务以及投资表示关切，甚至担心非洲国家违约。您对中国在非洲基础设施建设及其他生产领域的债务和投资是否有类似的担忧？

卡贝鲁卡： 首先，我们需要排除政治考虑，很多时候我们会将政治代入这些问题中。现在很多国家对本国的债务的可持续性有一个大致的了解，至少在我们非洲国家。有多少资金具有可持续性是伴随衡量方式不同而不同的。最近只有一个国家濒临债务危机边缘，其他国家都保持在国内生产总值的 40% 的范围内。我认为我们从希腊问题中吸取的重要经验是，不要把本国债务放在与其他市场经济基本面的关系中观察。

另外，我们鼓励国家多在未来潜在生产力上进行投资。所以，很多中国人来非洲进行基础设施建设、开采能源、修建铁路、建造港口等等未来生产力的开发。不仅仅是偿还债务，更多的是发掘新的市场。因此，我不认为中国向非洲放贷是一个问题。

事实上，我希望我们能够共同致力于建立新的机制、发现新的机遇，就像中国设立丝路基金那样，关注如何为中国公司提供支持，为丝绸之路经济带以及更多地区提供良好机遇。未来的需求就是目前投资的回报。

金融危机之后，非洲是世界上最有灵活性的地区，因为我们的银行都是资本化的、规范化的，资本流动都在管制之下。因此，我相信我们的基本面是正常的，我们需要做的仅仅是向中国借款并加大投资力度，中央银行管理好债务。我认为，希腊为世界上所有国家上了一课，但是目前我们还无须担心危机会在非洲发生。

王琳： *之所以有所担忧是因为世界银行和国际货币基金组织在非洲的贷款曾因为偿还困难而不得不减免解除，中国对非洲的债务会面临这种情况吗？*

卡贝鲁卡： 不。当时的问题关键不在于债务本身，而是市场基础出现了问题，高估了货币价值，出现了财政赤字，而且问题不仅仅发生在国内市场，20 世纪整个非洲的经济基础都出现了问题。

坦诚地说，如果把这些问题放在当下的非洲，同样的情况不会发生。坦白说，如果一一排查非洲国家，可以说，非洲国家的债务状况比许多欧洲国家要好太多。低于国内生产总值的30%。我们宁可少一些监管，也要保证持续的投资。

非洲需要"非投行"

王琳： 非洲需要一个类似亚投行的机制吗？非洲基础设施投资银行？

卡贝鲁卡： 我认为，非洲的需求与亚洲差不多，或许稍微大一点儿，大约有每年500亿美元的资金需求。目前，我们在基础设施建设方面正在变得更加积极有为，我们正在努力撬动私人市场，但也只是杯水车薪。当下，就算把国内税收、从资本市场转移过来的资金、从国际金融机构借来的资金都用于基础设施建设，也只有5000万美元，但是目前的缺口是500亿美元。

当下我们需要为非洲基础设施建设建立一个蓄水池性质的机制。目前非洲已经建立了一个类似的机制——非洲50基金，正在做与亚投行类似的工作。那么，我们还需要一个非洲基础设施投资银行吗？答案是需要的。我们需要各种这样的机构来填充500亿的巨大缺口。除了建立像亚投行、金砖国家新开发银行这样的机制，我们还试图吸引私人资本进入我们的"蓄水池"。

王琳： 您提到了国家开发银行、中非发展基金、丝路基金以及亚投行。您如何看这些机制在与您的非开行的合作中扮演的角色？

卡贝鲁卡： 我不认为目前这样的机构太多，它们之间是互补的。项目在投资过程的不同阶段有不同的需求，如有优惠贷款，有股权投资等不同的融资需求。而不同的机制有自己独特的优势，有些机制提供股本、有些提供软贷款。不同机构共同合作可以互通有无，各扬所长。亚投行对非洲也是开放的，非洲要利用好这一机制。

金砖国家新开发银行副行长
马磊立

超越"最佳实践" 追求"未来实践"

时间：2016 年 3 月

2015 年 7 月在上海成立的金砖国家新开发银行（下称金砖银行）将于 2016 年 4 月中旬公布首批项目，覆盖五个金砖成员国；还将于 5 月末发行第一笔人民币债券，价值 48.5 亿人民币（7.5 亿美元）。

金砖银行副行长马磊立（Leslie Maasdorp）接受王琳专访时表示，金砖银行已经是一个全面运转正式营业的机构，过去半年多取得了多方面进展：股东首期股本金已经到位。银行在中国国内已获得了中诚信国际信用评级有限责任公司（下称中诚信）和联合信用评级有限公司（下称联合评级）两大评级公司的 AAA 评级。2016 年 2 月已签署上海总部协议，超过百人规模的招聘正在进行。将在中国银行间市场发行人民币债券，同时还将试水绿色债券。

马磊立是由南非提名的金砖银行副行长，同时担任金砖银行的首席财务官，目前还负责金砖银行非洲区域中心的筹建工作。

首批项目覆盖五个成员国

王琳： 到目前为止，金砖银行已有哪些进展？下一步哪些大举动值得期待？

马磊立： 第一，（2016年）4月中旬将宣布金砖银行首批总额7.5亿美元的项目，将由巴西、俄罗斯、印度、中国、南非各国项目组成，主要以项目贷款的方式进行。其中多为新能源项目，以此倡导绿色发展、推动绿色融资。

第二，金砖银行股东首期股本金均已到位。

第三，金砖银行通过中诚信和联合评级两家中国最大评级公司的评级，获得AAA评级，为金砖银行接下来在中国国内发行债券打下基础，保证较低的融资成本。

第四，金砖银行在中国第一次募资将以在银行间市场发行人民币债券的方式进行，这将是一支绿色债券，绿色债券意味着金砖银行对绿色发展、可持续发展的承诺。金砖银行也将成为继去年（2015年）12月中国人民银行发布绿色金融公告以来第一个在中国发行绿色债券的多边开发机构。

第五，金砖银行已经开始公开招聘。招聘规模超过100人，招聘对象首先会挑选来自金砖五国的应聘者，某些特殊岗位会全球公开招聘。

第六，今年（2016年）2月27日，金砖银行《总部协定》和上海《东道城市备忘录》（签订）。现在金砖银行作为一个机构已全方位运转。

金砖银行治理结构很不同

王琳： 金砖银行与世界银行、亚洲开发银行等已有开发金融机构有何区别？

马磊立： 金砖银行的第一个特点是聚焦新兴经济体、聚焦于金砖五国。金砖银行是由新兴经济体发起建立的多边开发金融机构。金砖银行的五大股东均为新兴经济体，金砖五国既是股东出资方也是借款方。

这与世界银行、亚洲开发银行、欧洲复兴开发银行的情况明显不同，这些机构的发达经济体成员只向机构出资，不从机构借款。因而金砖银行的治理结构非常不同。

金砖银行的五个股东有相同平等的代表性和话语权，中国经济的体量是南非的近 30 倍，但在金砖银行中，中国与南非有同等的代表性和话语权。这是一种新的国际关系，金砖国家寻求共识，来创造一种新的机制。没有任何国家在金砖银行中拥有一票否决权，我们力图避免那样的单边主义。

金砖银行股东都希望银行能不拘泥于已有机构的"最佳实践"（Best Practice），创新治理经验与实践，探索"未来实践"（Next Practice）。

开展本币业务，将发行人民币债券

王琳： 金砖银行与亚洲基础设施投资银行（下称亚投行）同为新近成立的新开发机构，金砖银行成员国均为亚投行成员，金砖银行与亚投行又有何不同？

马磊立： 首先，与亚投行相比，金砖银行的地缘代表性更广，五国成员来自多个大洲，项目分布在各个国家；但亚投行的业务主要聚焦在亚洲，这是一个显著的差别。

其次，金砖银行与亚投行的另一个差别是，中国不会从亚投行借款来开发本国项目，但中国会从金砖银行借款。金砖银行首批项目中会有中国项目。

另外，金砖银行将推动开展本币业务，金砖银行计划于（2016 年）5 月末在中国银行间市场以发行人民币债券的方式进行第一次募资，这也将是一支绿色债券。金砖银行发行第一笔人民币债券将有利于人民币的国际化，深化债券市场的发展对人民币国际化非常重要。

金砖经济体短期困难不应影响银行前景

王琳： "金砖失色"是否会影响金砖银行未来的发展？

马磊立： 金砖国家短期的经济困难不应该影响金砖银行的前景。

金砖银行已募集好初始资金，金砖银行着眼的是10—15年的长期前景，开发未来20—30年发展所需要的基础设施。目前虽然有很多短期因素的影响，但我们仍然着眼未来长期的前景。

金砖银行的成立基于各成员国坚定的共同愿景和共同目标。这种共同的愿景同样存在于金砖五国的领导人中，金砖国家领导人超越各经济体当前面临的经济发展困难，深化金砖的发展理念。每个金砖经济体都有中长期的发展计划，目前正在着手经济转型。

虽然目前看来金砖经济体中出现了中国、印度增长，巴西、俄罗斯、南非负增长或接近零增长的分化情况，但我相信，不久之后，金砖经济体会再次回到共同的增长与发展的轨道上。

麦肯锡董事长
鲍达民
建议设立"一带一路"跨国仲裁机构

时间：2015 年 3 月 22 日

　　麦肯锡公司董事长兼全球总裁鲍达民（Dominic Barton）认为中国提出"一带一路"倡议首先让全世界意识到了基础设施发展的这一需求，并将带动电力、商业服务和交通运输等行业发展，将会是巨大的商业机遇。

　　在鲍达民看来，"一带一路"的提出是一件好事。从发展的角度来讲，中国现在向外发展正是时候。

　　对于"一带一路"推进过程中的风险，鲍达民指出在引入多国共担风险机制的同时，应进行政治风险保险机制、区域商事仲裁机构等风险防范机制的建设，还要防范企业经营风险和金融风险。

　　鲍达民认为，现在倡导的亚洲基础设施投资银行（下称亚投行）不是中国一个国家的银行，而是世界性质的，他希望亚投行建成一个多边组织。

　　麦肯锡公司发布的《多赢的"一带一路"：让梦想化作现实》专题报告认为，"一带一路"实施的关键是能否改变中国以往的海外模式，并且构建全方位对外开放的新格局；同时建议，"一带一路"可围绕基础设施、产业发展和民生福祉三项重点主题，发挥智慧、资本、领导力、劳动技能和绿色发展五大关键要素来建设。

"一带一路"使世界发现新需求

王琳：您对中国提出"一带一路"的第一印象和现在的认识是什么？

鲍达民：首先，此提议在各方面都有积极作用。在过去几年里，世界经济经历巨大发展，例如，美国的州际铁路使各州的经济联系更紧密。"一带一路"将是基建方面的巨大成就，不仅是美国，世界也需要这样的进步。

"一带一路"的提出，从对全球经济贡献的角度，贡献将是巨大的，也许规模仅次于"一带一路"基础设施建设的是美国州际铁路网的建设，将美国整个经济联系起来。"一带一路"规模更大，但我想强调当今世界需要这样的基础设施，需要"一带一路"。

过去30年的贸易路线发生了巨大变化，世界上有一些地方仍然没有被覆盖，"一带一路"覆盖了亚欧地区没有任何线路连接的地带，也就是严重缺乏基础设施、贸易往来稀疏的地区。麦肯锡预计在未来的三十到四十年内，"一带一路"会为沿线地区的国内生产总值带来80%的增长。当然前提是我们仍需要硬件和软件的基础设施建设，也就是需要公路、铁路、能源建设，还需要人文交流、人群流动、新想法和数据等。中国率先做到的是（通过提出"一带一路"）使世界发现了新需求，中国做了件很了不起的事情。

第二点，"一带一路"必须重视基础设施建设，把它放在第一位。要解放哈萨克斯坦、乌兹别克斯坦、吉尔吉斯斯坦等内陆国家的生产力，这些国家拥有人才，都有潜力成为农业生产大国。由于是内陆国家，与世界的联系并不特别紧密，所以通过建立"一带一路"，这些国家的收益会很大。这就是为什么我会对"一带一路"这一提议很兴奋。从很多方面都有积极作用，"一带一路"对反恐和地区安全也是有帮助的，它为沿丝绸之路经济带 40% 的无业青年提供就业机会。

"一带一路"有切实商机

王琳： 您认为从经济数据来讲中国提出"一带一路"的必要性是什么？

鲍达民： 从私营的角度来讲，此项目会带来很多投资机会，30 亿人可能会发展为中产阶级，并推动一些地区的城市化。可以想象，如果随着城市及区域网络的建立，沿丝绸之路经济带的城市能发展起来并带动电力、商业服务和交通运输等行业，这将会是多么巨大的商业机遇。

另外，从亚投行的成立可以看出，中国在如何管理组织上，思想很开明，希望亚投行建成一个多边组织。中国明白，这必须是一个所有国家都参与的国际性组织，要不然很难发挥作用。如果其他国家（如乌兹别克斯坦）担心中国的动机，那么这些国家可能会做出异常举动，并且多数国家都希望这是一个多边合作组织，而非只有中国主导。

应建设"一带一路"跨国仲裁机构

王琳： 在海外市场，中国政府无法控制资金走向，因此部分人士担心这些钱会"打水漂儿"。您对此怎么看？

鲍达民： 这个担忧很有道理，我们也必须对此小心谨慎。但我觉得可以有其他方式。比如，资本不一定全由中国承担。中国可以占较小一部分，其他成员也参与投资，如英国、意大利会投资的，因为这些国家有商业利益在其中，也可以吸引新加坡、马来西亚这些想进行长期投资的成员，希望有中国的稳定发展做后盾。

另外，还要建立相应机制，对项目进行风险评估。比如政府可以为企业建立政治风险保险机制，提供政治风险咨询服务，建立区域商事仲裁机构来解决跨国争端。中国还应积极推动建设"一带一路"跨国仲裁机构。

不会低估中国能力

王琳：有人认为，中国倡导的亚投行仍没有足够能力去对抗现有的由西方国家主导的大型国际金融机构，您对此怎么看？

鲍达民：从很多方面来说，中国是经济发展中的楷模。现有的金融机构，如世界银行和亚洲开发银行，都有其复杂的背景和影响，要改变它们很不容易。

有时候，想在某一方面有所改革，最好的办法是建立一个新的东西。只要亚投行能遵循多边合作的原则，就能吸引更多的人参与。

中国有相当高的技能完成这项工作，这点很值得尊敬。当我在加拿大总理公共事务顾问委员会上发言时，我会拿出从中国带回来的五年规划文件，向他们展示中国都做了些什么，比如对中国十二五规划进行评估，通过图表数据对一个个要素进行分析。如果加拿大政府也能做到那样，那将会多么令人惊奇。所以我不会低估中国的能力。

不能盲目实施或照搬模型

王琳：中国财长楼继伟（时任）在发言中表示，将来亚投行的管理会比较复杂，您对此有何见解？

鲍达民：我想在这里引用前不久刚逝世的新加坡前总理李光耀的话："我们必须从容应对矛盾，强求一致并非必要。（You have to be comfortable with contradictions, consistency isn't necessary.）"在我看来，楼部长想说，各国政府的现实各不相同，所以有时候组织公布的一些看起来很好的政策不一定适用于这个国家。因此，各个国家必须要根据实际情况，如本国的政治情况、人才、时间规划、挑战等，来执行政策。"一带一路"不能盲目实施或照搬模型。

王琳：美国等西方国家一直对中国在非洲国家的投资存在疑虑，麦肯锡在非洲参与程度很高，您怎么看中国在非洲的角色？

鲍达民：麦肯锡在非洲有很多办事机构，而我也在许多非洲国家待过。非洲国家的政府和当地商人都很欢迎中国的到来，而这不仅仅是因为中国带来了资本，更重要的是中国进行的基础设施建设，如铁路、公路。我对中国与东非国家之间的紧密联系很感兴趣，如坦桑尼亚、肯尼亚、乌干达、卢旺达等，按照中国标准修建的铁路确实把这些国家都联系在了一起。

对中国发展建设能力充满信心

王琳：英国等西方国家想加入亚投行，是因为这些国家需要中国的资金，但是资金的背后意味着文化、意识形态与价值观的影响。您觉得中国有能力发挥好资金优势吗？

鲍达民：在中国富裕之前，中国就早已是非洲人民的好朋友。此外，中国也不赞成殖民观念，而且中国注意对外形象，以免别人误解自己。我认为，许多非洲的当地居民会非常欢迎中国的到来，包括资金注入和技术支持。但同时，我想中国政府也要注意，不要只是输出中国劳力，要多聘用当地居民，带动当地社会发展，帮助当地学校教育等方面的发展，这样，中国在外的投资会更持久。

王琳：在"一带一路"的倡导下，中国提议推动其他国家的工业化，也就是进行产能合作，可部分国家缺乏电力、水、道路等最基础的生产设施，在这种艰难条件下，您觉得中国是否能完成这一愿景？

鲍达民： 你说的这些情况都存在，但在 30 年前，中国也是这种情况。看看北京。像基辛格所说，如果把北京 20 年前的照片拿来看，他可能会大笑说：你这是在开玩笑吗？北京怎么可能是这样？所以，中国能做到，其他国家也能。

各国还可以从中国身上学到很多，不仅是有关国内生产总值增长方面的，更重要的是中国的另外两方面。包容性增长，这与公平合理分配经济增长有关，还有绿色增长，因为我们不想要污染。各国可以学习中国这些最新的理念思想，用新方法来发展经济，保护环境，最新的理论和科技都被运用于此。所以，我对中国的发展建设能力充满信心。

盖茨基金会全球项目总裁
马克·苏兹曼

中非合作潜力大　期待与亚投行合作

时间：2015 年 3 月

　　比尔和梅琳达·盖茨基金会（下称盖茨基金会）全球政策倡导与国别项目总裁马克·苏兹曼（Mark Suzman）表示："回应质疑的最好方式，就是通过实践去证明自己。当亚洲基础设施投资银行（下称亚投行）真的开始运转，当第一笔投资到达，当外界看到这些发展资本真正有建设性地满足了一些地方尤其是贫困国家的需要时，那时候想要再质疑这个组织就很难了。"苏兹曼还表示，亚投行为贫困国家提供基础设施方面的技术资源和贷款，也有利于促成盖茨基金会在这些国家减贫、卫生、教育等其他工作的成功。"我们也期待有机会在某些领域能够合作。"苏兹曼说。

　　对于已经落地上海浦东的金砖国家新开发银行（下称金砖银行），苏兹曼说希望一定数量的资金可以流向与盖茨基金会合作的非洲国家和其他发展中国家，盖茨基金会已经做好了准备支持金砖银行。

　　苏兹曼表示，盖茨基金会希望与中国在非洲合作，不仅因为在自身发展过程中在非洲所需领域具有专长，也因为在很多方面中国是非洲许多国家和政府信赖的合作伙伴。

盖茨基金会于 2007 年创办中国办事处，目前在中国，一方面推进结核病、艾滋病防治和控烟工作，一方面将中国创新引入非洲等其他贫困国家。

盖茨基金会与中国负责对外援助的商务部在非洲农业、卫生援助方面都有合作，希望在促进非洲繁荣发展方面与中国国企、私企加强合作、增进理解。

亚投行：用实践证明质疑

王琳： 盖茨基金会在成立之初以及在过去 15 年工作的过程中是如何说服同类组织共同合作？您对中国倡导筹建的亚投行有何建议？

苏兹曼： 首先盖茨基金会曾经是一个新的组织，并且在所选择服务的领域扮演重要角色。盖茨基金会的核心是帮助最贫穷的人。

在早期的时候盖茨基金会确实受到过质疑，真正的角色是什么，尤其是在最初阶段。鉴于盖茨基金会与微软的紧密关系，大家都在质疑这是不是微软基金会。

所以我建议亚投行，回应质疑的最好方式，就是通过实践去证明自己。当亚投行真的开始运转，当第一笔投资到达，当外界看到这些发展资本真正有建设性地满足了一些地方尤其是贫困国家的需要时，那时候想要再质疑这个组织就很难了。

当一个组织新成立，还没有开始做事情的时候是最容易受到质疑的。我想这也正是目前在亚投行扮演何种角色、为什么不发挥现有机构作用等问题上会有如此多的讨论和疑惑的原因。

盖茨基金会在基础设施方面没有主要资源，也没设基金。但盖茨基金会在减贫、卫生、教育等其他领域的成功也要依赖于其他组织在基础设施领域的建设，可能是初级医疗诊所，也可能是让小农户顺利将农产品运到集市的农村道路建设。

因此我们非常欢迎像亚投行这样的新组织为贫困国家提供基础设施方面的技术和资源，或是为当地基础设施建设提供贷款。

我们认为像世界银行和非洲开发银行等组织都起到了令人称赞的作用。盖茨基金会也同世界银行、非洲开发银行和亚洲开发银行有着很强的合作伙伴关系。我们跟亚洲开发银行在防治疟疾以及环境卫生方面有很多合作。在亚投行建立之后，我们也期待有机会在某些领域能够合作。

做好准备支持金砖银行

王琳：盖茨基金会对金砖银行有何期待？

苏兹曼：首先金砖银行要完整建立并且开始运转。如果说期待的话，盖茨基金会希望一定数量的资金可以流向与基金会合作的非洲国家和其他发展中国家。

我们希望金砖银行在正式开始运行后，能够为一些有潜力的农业领域提供直接或间接的支持。当然盖茨基金会也将一如既往，不会强行推进任何合作。

事实上我们与金砖国家一直有着密切合作，除了与俄罗斯没有直接发展的业务，我们与巴西、印度、南非和中国都有合作，因此我们也做好了为金砖银行提供支持的准备。

中国是创新的好地方

王琳：盖茨基金会正在推动一些中国本土创新项目，同时，中国政府当下倡导创新、创业驱动经济增长。从全球的视角，您如何评估中国的创新水平？

苏兹曼： 盖茨基金会当然对中国的创新评价很高，比尔·盖茨先生本人一直认为中国是一个鼓励创新的好地方。通常提到创新，人们最先想到的是信息技术的创新，但盖茨基金会更看重的是中国在农业和健康医疗方面成为领导者的创新潜力。

盖茨基金会正在与中国农业科学专家合作培育一种水稻新品种"绿色超级稻"。在亚洲和非洲一些地区种植绿色超级稻，其产量比普通水稻高出 20％，有潜力再使 2000 万农民种植这种水稻。这是中国非常擅长的创新领域。

在医疗保健领域，我们相信中国有潜力成为全球的贡献者、领导者。目前南亚正在使用的由中国研发并生产的乙脑减毒活疫苗是另一个例子。中国拥有蓬勃发展的疫苗研发产业，已能够生产出针对发展中国家需求、同时满足全球严格安全标准的疫苗。上面两个例子说明中国已经成为创业、创新的家园，盖茨基金会认为与中国公共企业和私企的合作空间都很大。

拓展对非合作新领域

王琳： 非洲是盖茨基金会重点关注的地区，而中国的足迹也遍布非洲，有媒体称中国为创变者。盖茨基金会与中国在非洲将如何合作？

苏兹曼： 盖茨基金会正在努力打造共赢的合作模式，我们希望找到中国的非洲问题专家来提供设备支持、引进资金并借鉴中国发展的经验。盖茨基金会也在扩展与中国在非洲更多领域的合作，近期与中非发展基金签署合作备忘录。过去几年中非发展基金一直在自然资源、基础设施等领域进行投资，但是现在也开始在新领域，例如健康医疗领域进行投资。我们希望与中国的合作伙伴关系可以让盖茨基金会帮助非洲地区促进这些过去非中国重点关注的投资领域。

另外今年（2015 年）年末中非合作论坛部长级会议将在南非举办，

我希望这次会议本身也能促进非洲引进新资本。在这次会议当中盖茨基金会将会重点关注卫生问题，这也是中非合作的三大主题之一。盖茨基金会不会在任何情况下迫使其他伙伴按照我们的想法开展工作，我们一直愿意帮助参与此次中非合作论坛的非洲国家以及中国政府，愿意为我们的项目和其他合作伙伴的项目提供技术知识方面的专业支持。我希望今年中非合作论坛可以成为盖茨基金会与中国加强在非合作的契机。

愿帮助中企适应海外市场

王琳：当前中国要加强与非洲的产能合作、卫生合作和安全合作。您如何评价中国对非洲这三方面的贡献？

苏兹曼：在农业和卫生医疗这两方面，中国本身已经在大步前进。在卫生领域，中国在直接和间接为非洲提供援助方面都有着巨大潜力。中国可以为非洲合作伙伴提供专家的训练指导，提供工具，帮助生产疫苗和诊断疾病等。这既帮助中国自身，也可以帮助世界上其他国家和地区。在卫生领域的创新与合作可以实现中非的双赢。

在农业方面，除了种子培育，中国在使用小型农具方面颇为擅长，因为中国很多农业是基于小户农场主在小面积的耕地上种植完成的。中国可以将创新的技术用于帮助非洲的农业发展，这些新技术是其他国家无法提供的。

中国已经开始着眼发展自然资源、基础设施等领域，这在非洲国家也有巨大的需求量。在中国也有很多创新技术和多样化的合作伙伴可以与非洲合作。但面临的一个挑战是，中方尤其是中国的私企还不太知道如何与非洲国家合作，因此盖茨基金会利用我们在非洲工作的经验帮助这些企业更好地适应非洲市场。

看重中非合作伙伴关系

王琳： 中国是非洲大陆上的新的参与者，相比与中国合作，盖茨基金会与美欧传统强国如何合作？

苏兹曼： 盖茨基金会本身就是一个很年轻的组织，到今年（2015 年）刚刚成立 15 年。基金会每年投入大量资金支持七个项目，这些项目都致力于满足非洲、南亚和其他地区穷人的健康保障需求和其他需求。因此基金会和许多西方国家，比如美国、英国和法国等，在不同的特定的领域建立了合作伙伴关系。帮助疫苗生产者降低成本，促进疫苗分配到贫困地区的全球疫苗免疫联盟就是一个例子，是基金会最早投资的项目。

盖茨基金会在北京设立办公室，除了希望与中国加强在防治肺结核、艾滋病等领域的合作之外，一个主要的原因是基金会相信中国在多数盖茨基金会希望推动完善的关键领域中都有着独特的优势。中国不仅在自身发展过程中在这些领域具有专长，同时中国是非洲许多国家和政府信赖的合作伙伴。我们愿意与一切乐意合作的组织进行合作，对于和中方建立合作，我们感到尤其欣喜。

加拿大养老基金投资公司总裁（2012年7月—2016年6月）魏马克

看好中国经济长期趋势　或与亚投行联合投资

时间：2016 年 3 月 22 日

加拿大养老基金投资公司（CPPIB）以在基础设施领域的长期投资和丰富经验而著称，是全球基础设施的主要投资者之一。2016 年 3 月 22 日，CPPIB 总裁、首席执行官魏马克（Mark Wiseman）在接受王琳专访时表示，CPPIB 将逐步扩大全球基础设施投资，但机构投资者青睐投资已建成的基础设施项目，很少进行基础设施的绿地投资与开发。因此需要亚洲基础设施投资银行（下称亚投行）这样的机构来弥补巨大的基建缺口、进行基础设施的绿地投资。

魏马克表示，CPPIB 进行基础设施投资，看重规模、风险和监管环境三个指标。

中国倡导筹建的亚投行已经于 2016 年 1 月开始运营，掀起各界对全球基础设施投资的新期待，也带动已有多边开发机构重新重视聚焦基础设施投资，缩小基础设施供需缺口。但魏马克表示，CPPIB 不会像现有成员那样加入亚投行，但未来会与亚投行联合为基础设施项目提供融资。

CPPIB 在中国物流、地产、私募、公开市场等领域进行投资，魏马克表示，CPPIB 将继续扩大在中国的资产配置，看好中国经济长期趋势。但他同时强调，作为长期投资者，与中国政策层一样，关切中国环境、人口结构变化以及经济自由化等长期问题。

看好中国经济长期趋势，继续增加在华投资

王琳：如何看待当前的中国经济？

魏马克：尽管人们在说今年（2016 年）中国经济形势不是很好，但考虑到中国的经济体量，即使中国实现 6% 的经济增速，仍然是非凡的成就。大家都看到了中国经济仍存在一些问题，比如国企改革等，但人们不能忽视，体量如此巨大的经济体能够持续实现 6% 以上的经济增长是多么难得。

作为长期投资者，我们关心环境变化、人口结构变化以及全球地缘政治变化等中长期因素，而不是昨天上海股市行情或今天是否有房地产泡沫这样的问题。这些问题会随着经济周期而显露或隐藏，我们更聚焦于长期的趋势。

我从中国发展高层论坛上了解到，中国政策层已经意识到并正在考虑如何处理这些中长期问题。比如，如何解决环境问题，北京的空气问题，如何应对人口老龄化这些长期挑战。

这也说明了我们为什么如此重视中国。如今我们在中国有约 100 亿美元的投资，投资规模将继续扩大，投资种类还将增加，通过房地产市场、QFII 配额、私募等各种方式的投资都将扩大。因为我们看好中国的长期趋势，包括不断扩大的中产阶级、进一步深化的城镇化、中国经济正在相当成功地从国家投资引导向消费引导的增长模式转变。我们认为，这些都是大势所趋，我们会继续增加在中国的投资。

王琳：您认为中国政府应该重视哪些长期风险？

魏马克：中国需要进一步促进经济的自由化，与世界经济更融合，这意味着要持续进一步增强资本管制自由化，促进利率和汇率的自由化、市场化。如果中国政府不采取相应措施，这些领域有可能会引发风险。

环境是另一个长期风险，不仅适用于中国，全球都是。如果最基本的国企改革无法施行，也会成为风险。这些问题都是互相关联的，国企改革和环境保护有关，与利率和汇率的市场化有关，这种互相关联让问题变得更复杂。

不当交易员，做长期投资者

王琳：我们看到过去一年（2015 年）全球对华投资增速放缓以及一定量的资本外流，您怎么看？

魏马克：对我们这样的长期投资者来说，这是好消息。我们不是"热钱"。我们秉持的是，进入一个国家，就相当于做出承诺要长期投资。我们看重的是可靠，养老基金要着眼从 30 年、40 年、50 年的周期来考虑。

当我们看到资本流出时，我们作为长期投资者会拥有更好的投资机会，因为减少了竞争。短期投资者总是盯着货币市场、瞅着时机，倒挪资本流进流出，或者是在股票市场或房地产市场进进出出，这些人其实只是交易员（Trader），而我们不是交易员，我们是投资者。

很多时候，人们总是忘记交易员和投资者的区别，交易员其实并不关心凸显的基本面问题，而是像赌徒一样将自己的筹码从一个格子放到另一个格子，预测着球将在哪儿落下。我们是投资者，我们着眼长期的趋势和风险，我们就会坚持一个长期的观点和判断。所以我们的投资在证券市场分布并不多，我们 55% 以上的投资分布在私募股权投资、基础设施和房地产等很难短期进出资金的领域，因为我们不需要短期挪动资金。

中国长期的基本面是非常积极的，政府已经意识到需要强调一些问题来充分利用中国长期利好的基本面。当然需要想办法采取措施实现人口城镇化、确保建设相应的基础设施来支持城镇化、缓解人口老龄化的结构变化。这些问题并不容易，但相信中国政府最终能够解决好。

王琳： 您的看法和目前部分西方媒体的所谓"唱衰中国"很不同。

魏马克： 这正是我们来中国的原因。我们不能靠彭博终端机的屏幕信息来真正理解一个地方，而要实地调研并长期深耕于当地市场。

2008 年我们设立了香港办公室，到现在已经近 100 人，都是深入了解中国市场的干将。我已经记不清这是我第几次来到中国，过去十年里我至少每个季度来一次。我们并不依据在彭博终端机上读取到的信息来做投资决定，而是依靠尽职调查和经验。

现在的挑战是中国政府如何行动来落实规划，而这对所有国家的政府都是挑战，不仅仅是中国，对印度和加拿大也一样。首先政府要明确亟待解决的关键问题，这是这场硬仗的一半，这场硬仗的另一半在于如何建立方案解决所确定的关键问题。

张高丽副总理在中国发展高层论坛的开幕致辞以及论坛上其他几位的发言都强调环境的重要性，但事实上，环境保护的推动需要政府做出非常艰难的决定。有些时候需要牺牲短期的经济增长来换取长远利益，我们拭目以待。

投资基础设施要看规模、风险和监管

王琳： 中国提出"一带一路"倡议，并牵头成立亚投行，您看到了哪些机会？是否计划扩大在全球的基础设施投资？

魏马克： 从 CPPIB 的整体投资组合来说，我们正不断扩大基础设施的投资。基础设施资产的年化收益率在 7.5% 左右，考虑到我们总资产近 2800 亿美元的规模，收益可观。我们一直有意向进行更多的基础设施投资，因为基础设施项目能够提供长期稳定的现金流和收益，这对优化我们整体的投资结构非常有益。

但目前我们在除澳大利亚以外的亚洲地区做的基础设施投资仍然较少，因为，我们的投资兴趣主要集中在现存且已建好的基础设施项目，而不是基础设施项目的绿地投资。因为对基础设施项目进行绿地投资可能存在风险。这也是为什么需要存在亚投行这样有实力的机构来填充巨大的基建缺口、进行基础设施的绿地投资，单一机构投资者很少进行基础设施项目的绿地投资。

我们对基础设施投资，主要看三点：一是规模。我们需要规模大的资产。我们作为股权投资者，需要投资大型国家级的项目，而不是中小型的项目。二是风险。我们需要低风险的基础设施项目，因此我们不会投资基础设施的绿地项目，而是退而求其次投资已建成的基础设施项目，我们在澳大利亚就是这么做的。三是需要一个稳定且可预期的监管环境。因为多数基础设施项目资产是在当局的主权监管之下。

具体到中国，我们可能不会做太多基础设施项目，但会在全球成为基础设施投资的主要参与者。

未来或与亚投行联合投资

王琳： 您周一（2016 年 3 月 21 日）参加了亚投行行长金立群与商界领袖的圆桌会，CPPIB 未来与亚投行会有哪些方面的合作？

魏马克： 亚洲很多欠发达国家在基础设施上都有巨大的需求，但并没有取得像中国这样的成就。同时，也有很多机构投资者考虑进入基础设施的绿地投资项目。亚投行这样的机构，还包括世界银行下属的国际金融公司（IFC），都旨在提供资金来弥补基础设施投资建设的缺口。

王琳： 在您看来，与已有开发机构相比，亚投行成立做出的最大贡献是什么？

魏马克： 现在谈亚投行的贡献还为时尚早。亚投行专注基础设施领域，专注在亚洲地区，其分量不一般。亚投行的筹建是一个很有价值的倡议。在周一（2016 年 3 月 21 日）的亚投行圆桌会上，全球商界领袖和投资者都对亚投行的未来颇有信心，并深受金立群行长所传递信息的鼓舞。金行长介绍，亚投行将践行的模式是开放且透明的，这对市场非常重要。

王琳： 亚投行表示未来也希望吸引私人投资者加入。您认为，未来在什么样的情况或条件下，CPPIB 会加入亚投行？

魏马克： 我认为 CPPIB 可能不会像一些国家政府那样加入亚投行，我们将自己定位为亚投行的合作伙伴，可能在某些基础设施项目上会共同提供融资，就像我们之前与世界银行 IFC 和其他多边开发银行合作的那样。

王琳： 除了未来可能的与亚投行的合作，CPPIB 还将如何参与中国提出的建设"一带一路"的倡议？

魏马克： 李克强总理在与商界领袖交流时说，商界要么支持参与"一带一路"建设，直接开发商业机会，要么会从"一带一路"的建设中受益。我们已经在全球参与了多个国家级的基础设施项目，我们也致力于促进物流业发展，这都与"一带一路"有关。

全球看好美中印三大经济体

王琳： 全球经济低迷，CPPIB 当前对全球的投资策略是怎样的？哪些区域行业富有前景值得投资？

魏马克： 我们每天都要投资，我们必须找到富有前景的领域，必须保持乐观。我们对全球一些经济体仍然非常乐观，我们将继续在全球富有增长的市场增加布局，比如中国、印度以及拉美的部分经济体。

比如印度。2015 年 10 月，我们在孟买开设了办公室，我们看好印度巨大的人口、市场驱动的经济以及对外资的持续需求，我们在印度投入了越来越多的精力。同时我们也致力于扩大在中国市场的投资。我们还在谨慎地关注部分拉美经济体，包括智利、秘鲁、墨西哥，甚至巴西。虽然巴西短期有很多动荡，但长期投资仍存机会。

至今我们还没有在非洲做太多工作，那里还不具备大规模机构投资的准备条件。但在将来，非洲依然会给我们带来机会。只是现在非洲还不是我们精力聚焦的地方。

最后我要说，我们不能低估美国经济的能力，美国是全球资本最青睐的目的地，我们 40% 以上的投资组合在美国，短期内这种情况不会改变。我们对美国经济体整体非常积极。

目前 CPPIB 有 20% 的投资组合在欧洲，我们在欧洲的投资非常审慎，但这并不意味着我们无法在欧洲找到机会，最近我们就宣布了几笔并购交易。

王琳：哪些领域和行业具有机会？

魏马克：我们着眼长远，总会关注很多领域和行业。我曾公开讲过，作为长期投资者，和短期投资者相比，我们能够承受住大宗商品价格风险等因素。我们目前在关注那些受到大宗商品价格周期冲击的行业，我们对大宗商品持长期积极的态度，我们在关注能源、矿业等短期产生供应过剩但长期有持久需求的行业。

养老基金投资要独立透明

王琳：加拿大养老基金是全球领先的养老投资基金，中国也正在尝试对社保基金进行有效投资。有哪些经验可以分享借鉴？

魏马克：首先，随着一个国家走向成熟，拥有一个强壮的国家养老系统，包括保障人们老龄化过程中的资金支持非常重要。如果有这样的保障，人们会更有消费意愿。其次，人们的寿命越来越长，养老体系需要承担的老龄人口的时间跨度变长。

加拿大养老基金模式最成功的经验有二：首先是公平治理系统。养老基金的运作和管理模式独立于公共政策，需要意识到投资资产的管理最终是服务于养老金的贡献者和缴纳者。其次是透明。养老基金的缴纳者和受益者需要完全了解他们的权利、资金流向、投资使用方式、退休后可持预期等，这些需求都能通过透明公开的信息披露来实现。

"一带一路"倡议与南北美洲

加拿大国际贸易部部长
方慧兰

寻求与中国建立更强劲、更平衡的经济关系

时间：2016 年 9 月 4 日

作为加拿大总理贾斯汀·特鲁多重要的经济政策助手，记者出身的国际贸易部部长方慧兰（Chrystia Freeland）告诉王琳，在特鲁多给她的部长委任书中，她的最高优先任务是加大加拿大和亚洲新兴市场的经济联系，特别是中国和印度。"中国是我和加拿大政府工作的优先重点。"

特鲁多 2016 年 9 月访华前，最受加拿大和国际媒体关注的三个焦点分别是中加双边自由贸易协定是否能启动谈判，加拿大是否会宣布加入亚洲基础设施投资银行（下称亚投行）以及此前面临一些贸易摩擦的加拿大第二大对华出口商品菜籽油能否继续对华出口。

二十国集团（G20）峰会前夕，特鲁多访华接近尾声的时候，方慧兰对此行非常满意。加拿大政府已经宣布申请加入亚投行，成为中加金融合作的新举措。

作为加拿大一位种植油菜、生产菜籽油的农民的女儿，方慧兰非常欣慰，中国领导人承诺，同意加拿大菜籽油继续按原来的条件对华出口。

而对于未来何时能够启动双边自由贸易协定谈判，方慧兰认为，目前尚未正式启动，但此次搭建中加双方深度理解与信任是未来合作很好的开始。

中国是优先重点

王琳： 中国是加拿大第二大贸易伙伴国，第二大出口和进口国，也是最大的贸易赤字来源国，中国在接下来加拿大的对外经济关系中处于怎样的位置？

方慧兰： 这一届的加拿大政府差不多是一年以前选举诞生的，特鲁多总理是民主和透明原则的坚定信仰者，所以成了加拿大开创历史的新实践者。当他委任部长的时候，他交给每位部长一份委任书，说明部长的具体职责。这是这些委任书第一次被公开，任何一个加拿大人，任何一个外国人，都可以读到委任书的内容。

在我的委任书中，总理给予我的最高优先任务是加大和亚洲新兴市场的经济联系，特别是中国和印度。所以，中国是我和加拿大政府工作的优先重点，这也是我来到杭州 G20 峰会的原因。

加拿大已经和中国建立了很紧密的经济联系，中国是加拿大第二大贸易伙伴，加拿大在寻求与中国建立更强劲、更平衡的经济关系。

王琳： 您认为中加经济合作特别是双边贸易，哪些领域的潜力还有待开发？

方慧兰： 加拿大对华出口还处于初级阶段，我们在农业和农作物领域发现了巨大的机遇。中国的中产阶级与日俱增，已经有超过 2.25 亿之多。中国人变得更加富裕，因此他们对高端、清洁食物的需求也更多。而加拿大拥有大量土地，我们种植了大量洁净的食物，我们清楚中国消费者会对此感兴趣。中国已经成为加拿大最大的农作物市场。

我父亲是一位农夫，他的农场种植的是油菜，菜籽油是一种非常健康的食用油，是我和大多数加拿大人在家使用的食用油，而中国对此的需求也很大。同时，加拿大看到了中国逐渐增长的牛肉以及猪肉市场，这将是中国与加拿大之间很好的贸易机会。

但是，我们也认为，中国与加拿大之间的贸易不应该只局限在天然资源和大宗商品方面。在清洁科技领域，也有很多的合作机会。在所谓的"知识经济"领域也有很多的机遇。

在娱乐文化领域也有非常大的机遇。中国人民变得更加富裕，有了更多的休闲时间，有了更多娱乐的时间。比如说，复星集团是加拿大太阳马戏团最大的投资者，他们计划在中国开办大型马戏表演。

总之，我认为在清洁科技的服务贸易领域也有发展的机遇与空间。提到了清洁科技，我认为有必要再多强调一点。习近平主席在昨天（2016年9月3日）的演讲中，强调了环境，他关于"绿水青山就是金山银山"的提法触动了我们。中国人民和中国政府对清洁科技给予更多关注，这也是加拿大努力耕耘的领域。

所以这些是我认为中国和加拿大可以增加合作的领域。还有值得一提的是，阿里巴巴已经与加拿大建立了非常强大的人际联系，出任阿里巴巴副总裁并负责全球事务的 Michael Evans 是加拿大人。我们看到了真正的机遇，这将为加拿大中小企业创造更多和中国消费者建立联系的机会。

还有一个领域可以拓展，就是国际学生和旅客。现在有 120 000 名中国学生在加拿大留学，中国留学生是加拿大最大的国际留学生团体。对年轻人来说，加拿大是获得教育的好地方。我们欢迎中国学生，他们勤奋、聪明，我们希望有更多的中国学生来加拿大留学。

另外一个我们热切想要做的事情是 2018 中加旅游年。我们真诚地欢迎更多中国游客。对某些中国游客，特别是来自快节奏的大城市的游客来说，加拿大是一个放松度假的完美选择。我们欢迎中国游客来欣赏我们的自然风光，加拿大落基山脉、加拿大地盾，还有我们的大湖，它们都很美丽。在加拿大还可以看到太平洋或者大西洋，游客将感到精神的放松。当然，加拿大的大都市同样值得一游。

双边自由贸易协定尚未正式启动

王琳：此前外界对此次特鲁多总理访华期间启动中加双边自由贸易协定有很高期待，有什么具体进展吗？

方慧兰：我们目前还没有正式开启双边自由贸易协定的谈判。我们知道，中国政府希望与加拿大达成自由贸易协定，这对我们在更深厚的相互理解的基础上建立关系非常重要。我们在建立双边关系上有着悠久的历史。

虽然我们每四年会举行一次选举，但是我相信特鲁多会担任很长时间的总理。他现在正在为与中国建立深厚和长久的关系搭建基础，就像盖房子打地基一样，只有建立了非常好的基础，才能建造出非常坚实的房屋。所以，我们视这次访问为搭建基础的重要一环，可以让双方更好地相互了解，了解彼此的利益和需求。我们和战略层有过交谈，去了解双方的贸易利益。我认为这是一个很好的开始。

王琳：一些加拿大商界领袖认为，启动中加双边自由贸易协定是中加经济关系战略性的下一步，但是他们也认为在自由贸易区问题上有一些重要的事务必须思考，比如加拿大该如何处理与中国的贸易关系以及与跨太平洋伙伴关系协定（TPP）的关系。您对此有什么看法？

方慧兰：我非常认同习近平主席昨天（2016 年 9 月 3 日）在发言中使用的一句中国俗语——摸着石头过河。这意味着一次走一步，我们不能走得太快，迈出一步以后再看下一步怎么走。我们努力拓展与中国的经济关系，我们还没有开启自由贸易区的谈判，我们正在花时间了解彼此，我们在亚洲地区扩展我们的经济联系，包括非 TPP 成员印度。

我们已经签署了 TPP，但在它生效之前还有很多步骤，这将是非常复杂的谈判过程。在加拿大，我们认为处理重要的贸易协议时，确定加拿大人民有机会被咨询和分享感受是很重要的。所以在 TPP 问题上，我们现在正在做的就是与加拿大人民沟通。比如，下周五（2016 年 9 月 9 日）我将回到加拿大，与加拿大土著民族（第一民族）有一整天的交谈。也就是说我们正在进行非常谨慎的咨询过程。

中加合作是寻求双赢的典型

王琳： 2015 年中国在加投资有所下降，具体地说，中国在加拿大能源领域的投资额下降很多，2015 年比 2014 年下降了 81%，加拿大政府会在市场准入或商业环境中采取什么措施去吸引更多的中国投资者？

方慧兰： 在能源领域，有很多比较具体的市场条件起了作用。正如加拿大生产商和中国投资者都知道的，当下这一时期对于石油生产者来说是很艰难的，石油价格下降了许多，严重影响了石油领域的市场。

加拿大政府在商业领域非常开放，我们欢迎全世界的投资者，我们当然欢迎那些对加拿大传统优势或者自然资源很感兴趣的投资者，但大家不应该只了解我们的自然资源，还应该了解加拿大的创造力与足智多谋。

加拿大还有很多的知识经济和创新经济，我们鼓励中国投资者关注教育和旅游。2018 中加旅游年，如果有一些中国合作者参与进来，带来更多的旅游者和留学生的话，我们会非常高兴。

我们对中国在创造产业的投资非常感兴趣。我们已经有了成功的案例，比如复星集团在太阳马戏团的投资。

医疗保健科学是另外一个加拿大有很多专家的领域，中国也对此很感兴趣，所以这会是一个很好的投资领域。之前提到的清洁科技，中加之间就存在很多的合作机会。

王琳：您此次陪同特鲁多总理正式访华，最大的感触是什么？

方慧兰：非常感谢习近平主席、李克强总理、高虎城部长，在中国对我们温暖周到的招待，这对于我们是一种荣幸。我们也很荣幸能在紫禁城吃晚餐，能和习主席、李总理一起进餐。还要感谢中国人民，我们受到了非常温暖的招待，谢谢你们。

刚才提到的中加两国关键贸易领域，我想说的是农业和农作物就是其中之一。具体地说，我们对中国第二大出口商品是菜籽油，但在到访之前有很多贸易摩擦。我和特鲁多总理非常感谢李克强总理宣布加拿大菜籽油将在现有条件下继续被中国市场接纳，这是一个非常有益且积极的声明。习主席的演讲中提到中国在寻求双赢的解决方案，我想这就是一个很好的例子。

智利前驻华大使
费尔南多·雷耶斯·马塔
中国拉美可携手解决贫富差距

时间：2015 年 5 月

当下的拉美告别了 2003—2010 年高增长的"美好时光"，进入"低增长"的潜在衰退。就相关问题，王琳对曾于 2006—2010 年担任智利驻华大使的费尔南多·雷耶斯·马塔（Fernando Reyes Matta）进行了专访。

马塔认为，尽管过去的十多年间，拉美错失了提振经济、促进多元化的良机，但今天的拉美与 30 年前不同，66% 的中产阶级、部分实力越来越强的国家、更良好的外交关系都是新变化。

马塔指出，当前拉美生产力的提高存在六大阻力：创新投入不足；教育提供的生产力跟不上劳工市场需求，拉美没有足够的人力资本；拉美缺乏基础设施；产品要素与市场仍较封闭；金融市场准入有限，体系不够完善；制度质量差、机制效率低下。上述六个问题导致拉美面临十大挑战，这同时也是当下拉美人民和社会最关心的问题：环境和可持续发展；可替代能源的发展；基础设施建设；教育质量；更多的社会包容性；强有力的政治机构与制度；社会安全；创新型和知识型社会；获取前沿信息科技的能力；区域经济一体化。

十分了解中国、仍然活跃在中国与智利、中国与拉美政策学术第一线的马塔认为，中拉应携手解决贫富差距问题。

智利、哥伦比亚、古巴会崛起

王琳：中国与拉美和加勒比国家的关系越来越紧密，拉美加勒比的哪些国家将崭露头角？

马塔：我觉得未来拉美三个国家会非常重要。

第一就是智利。我希望智利现在进行的教育和财税改革，能改变现状并促进全球经济的多元化发展。智利是有这个条件的，比如矿业和农业。智利生产和收获的季节都不同于大部分世界主要市场，当其他的地方在下雪，我们仍可以种植。如果智利能将生产与世界市场需求对应，智利会有一个更好的市场。

举个例子，2013年，智利向中国出口樱桃，在中国新年那段时间，结果此阶段的出口总额达到4.5亿美元。所以，首先智利需要市场。其次智利需要提高管理水平，需要在合适的时间收获、装箱和运输。这也同样适用于矿业和渔业等其他行业。智利经济发展了，通过多元化，越来越多活跃在世界经济的舞台上，而不仅限于拉美地区。

第二个重要国家会是哥伦比亚，如果哥伦比亚能成功进行和平谈判的话。新的和平时期会提供有利的环境，哥伦比亚本身也有很多有利条件，如农业资源、畜牧业资源、水资源、森林资源等。如果哥伦比亚能成功达成和平协议，在未来的10—20年后，可能会有很大发展。

第三个国家是古巴。在未来，古巴可能会由另一代政治领导人领导，能与中美包括西班牙等发展良好关系。西班牙对古巴很重要，因为在20世纪初，古巴仍是西班牙的一部分，所以二者之间有种特殊的联系。古巴可能会与各国发展关系，这样古巴就会拥有美国这个大市场。到时候，很多古巴人可能会忘记上一代人的恩怨，与移民美国的古巴人联系起来。

现在，古巴也有整个拉美最好的教育水平，很多人接受过良好教育。一些公司，如加拿大等国的公司，会来古巴招聘、发展。所以古巴人已经做好准备。古巴正在建设一个大港口，我觉得古巴很可能会发展为"拉美的新加坡"，虽然古巴小，但丰富高质量的人力资源会使古巴发展很快。

古巴对拉美其他地方的文化影响力和号召力不可小视。拉美很多流行文化都源自古巴，外界也对古巴很有兴趣。古巴有旅游业，比如智利人会到古巴旅游。但是古巴也需要新的发展模式。古巴的政府强有力，也拥有市场，现在要做的是努力维持现在较强的社会保护能力。古巴也有制造业等其他优势产业。

智利期待具有突破的高水平的 TPP

王琳： 在美国国会否决奥巴马政府贸易调整援助（TAA）议案，外界对奥巴马任期内完成跨太平洋伙伴关系协定（TPP）谈判的预期大大降低的情况下，您如何看待太平洋联盟的未来？

马塔： 我们应该考虑一下 TPP 的进程。TPP 谈判可能会在今年（2015年）年底结束。不过最终达成的协议可能会和最开始的有所不同。当然，这也仍需美国国会通过才行。

太平洋联盟可能会向两个方向发展。一个是内部的，它需要加强内部的一体化，促进各行业的融合，比如股票市场。第二，总体来说，TPP 的进程以及中国提倡的在 APEC（亚洲太平洋经济合作组织）之下亚太自贸区的进展会影响到太平洋联盟的发展。墨西哥，特别是智利和秘鲁，都会支持中国，但同时这些成员都深入参与 TPP 的谈判。

特别是智利，智利需要慎重考虑 TPP 谈判，因为我们是唯一一个与 TPP 中的所有成员都已经签署自由贸易协定的国家，包括美国、新西兰等。所以，如果要达成 TPP，对于智利来说最重要的是会有什么新的益处和突破？智利不希望贸易自由再回到先前的水平，甚至出现某种程度的倒退。未来如果 TPP 谈判顺利，中国会加入成为一员，我对此深信不疑，而且到时候中国加入的条件和环境也会不同。

王琳：TPP 谈判达成后，会为中国改变协议内容或条件吗？目前 TPP 谈判的一个原则就是谈判一旦达成，不为任何后来成员修改文本。

马塔：虽然谈判本身不可预知，但不能否认中国可以成为 TPP 的成员。这将取决于中国的经济实力和亚太地区的格局。所以首先要聚焦 TPP 谈判本身，然后在谈判后期达成协议。

将拉美等同非洲是个错误

王琳：有一种看法认为拉美和非洲相似，一些中非合作经验适用于拉美。您怎么看？

马塔：我认为这是一个错误。拉美有不同的立体面。中国应该用不同的视角来观察拉美，巴西的视角、太平洋联盟的视角、南部美洲国家的视角、能源的视角等等。问题的关键是中国仍然需要进一步了解拉美。

一些中国企业家不了解拉美，认为拉美是一个整体、一个市场。所以在我看来中国工商银行、中国建设银行和中国银行三家大银行的角色非常重要，因为它们能够影响到它们的企业客户。目前它们有人才在研究拉美并做出预测。分析当下拉美具有哪些机会，可能是高速公路、基建等等。

此外，一些企业到拉美后，认为只要与政府沟通就万事大吉。这些企业不了解拉美的实际情况，需要进一步了解程序。也许在一些国家做高速公路、港口等基建项目比较容易，比如厄瓜多尔和阿根廷，但在另外一些国家，比如智利和哥伦比亚，情况完全不同。在这些地方，中国企业仅仅与政府沟通联系是远远不够的，它们还要考虑当地企业等有重要影响力、深度参与相关项目的第三方。

中国现代国际关系研究院副院长
袁鹏

中美关系抓大控小　立足长远　稳定可期

时间：2014 年 12 月

2014 年中美关系的发展因中国国家主席习近平与美国总统奥巴马举行的"瀛台夜话"达到顶峰。此前大半年，中美关系围绕钓鱼岛、中日关系、网络安全、经贸投资、战略与经济对话几经起伏。

2015 年，有"最重要的双边"之称的中美关系走向如何？面临哪些障碍？又该如何提升？王琳专访了美国对外战略研究的资深学者、中国现代国际关系研究院副院长袁鹏。

袁鹏认为，2015 年中美关系最核心的一项任务就是落实此前"习奥会"成果，防止中美关系反弹。2014 年"习奥会"给 2015 年中美关系带来了一个好的开局，但也要防止"上半年低迷，下半年反弹"的怪圈，美国对台军售、网络安全、人民币汇率、东海与南海局势等都可能成为刺激中美关系的敏感事件。

袁鹏说道："过去 35 年的历史证明，只要中美两国始终抓大控小、立足长远，两国关系的总体稳定就可期。"

战略与经济对话是去年中美关系的转折点

王琳：您如何总结过去一年（2014 年）中美关系的发展？中美关系呈现出怎样的特点？

袁鹏：2014 年是中美建交 35 周年，在中美关系史上是一个比较特殊的年份，既带有过去 35 年中美关系的一般规律，也呈现出某种新特征。

"一般规律"指中美关系的起伏不定、斗而不破、和而不同等，这些基本规律没有发生变化，总体趋势是在起伏过程中呈现"螺旋式上升"和"波浪式前进"。

2014 年也是如此。上半年中美关系比较低迷，表现在自 2013 年底中国划设东海防空识别区后，美国朝野强力反弹。2014 年春奥巴马访问东亚，特别是在访日期间三次提到美日安保条约涵盖钓鱼岛。美国总统如此频繁、公开、直白地说出这种话，对中美关系的伤害不小。紧接着，又出现中美在网络问题方面的摩擦。种种事端把中美关系推到了比较低迷的状态。

但从 5 月后，美方明显意识到，中美关系再往下滑落对双方都没有好处。转折点是年中的战略与经济对话（SE&D），双方都希望借此契机重塑良好关系。此次 SE&D 表明中美关系的三根支柱，即经济合作、战略对话及人文交流缺一不可。SE&D 最重要的意义是缓解了中美关系的整体气氛，为年底的"习奥会"奠定了良好的基础。

11 月 APEC（亚洲太平洋经济合作组织）期间的"习奥会"是 2014 年中国大国外交的收官之作，也是中美关系企稳回暖的重大事件，意义重大。

一是形式创新。既有"庄园会晤"式非正式会晤，即中南海"瀛台夜话"，又有人民大会堂欢迎仪式之后的正式访问，这种"1+1"的形式创新，本身就是新型大国关系的一种体现。

二是内容突破。此次中美元首会晤达成的成果清单总量不算多，但其中有几项实实在在的成果。比如签署关于建立重大军事行动相互通报信任措施机制和关于海空相遇安全行为准则的两个谅解备忘录；共同发表《中美气候变化联合声明》；向对方公民发放 10 年期旅游和商务签证。

2014 年有别于过去 35 年中美关系发展的一个鲜明特点，就是两军关系异常活跃积极，不因个别事件而受到冲击。

防止第三方因素干扰中美关系

王琳： 2015 年中美关系将会有哪些重点和新趋势？

袁鹏： 2015 年最核心的一项工作，是落实"习奥会"成果，防止中美关系出现反复。因为反复的可能性是存在的，诱因很多，包括美国对台军售问题等老生常谈的问题。如果美方不从战略高度和精心维护中美关系大局的角度去妥善处理，必然会对中美关系造成一定冲击。同时 2015 年美国已进入大选周期。大选季中中美关系是否会被热炒进而影响美国国内对华气氛，值得关注。另外，2014 年悬而未决的问题在 2015 年能否得到有效控制，也有待观察。

两国经贸关系也可能成为一个因素。美元强劲反弹，人民币对美元汇率下降。美国指望人民币只升不降，但中国按照市场波动有升有降，现在降的趋势比较明显，人民币汇率问题是否会被再度热炒？同时伴随中国对美反向投资的趋势，2014 年出现了安邦保险集团并购美国华尔道夫酒店、马云华尔街强势登场等重磅新闻，这会给美国商界一个强烈刺激，中国不只是美国低端产品的竞争对手，开始越来越在中高端领域对美国构成所谓的"威胁"。加上中国国内《反垄断法》引发了美国商界对中国可能收紧美国对华投资的担心。这两种情绪联合在一起会不会引起美国商界对中国的某种反弹，也需要关注。

最后还包括所谓第三方因素，即中国在东海、南海维权行动引发的与美国盟友的新摩擦，是否会引起美国的强力介入，引起两国直接的冲突。

这一系列问题是否会影响"习奥会"的成果，这是第一位要重点防范的。

中美关系 2015 年还有一些大事，比如中美双边投资协定（BIT）谈判是否会取得突破、美国主导的跨太平洋伙伴关系协定（TPP）谈判是否会取得结果、这些结果对中美经贸关系会产生什么样的实质性影响，也值得关注。

王琳：您对 2015 年中美关系的预估是乐观还是悲观？

袁鹏：总体看，本轮"习奥会"给中美新型大国关系的构建再次注入了动力，给 2015 年中美关系带来了一个好的开局。但中美关系历来有一个怪圈，上半年低迷，下半年反弹。

只要不发生恶性事件，2015 年的中美关系应该比 2014 年要好一些。对中国来讲，提出构建中美新型大国关系，不是策略之举，而是持之以恒的战略性努力。2015 年中国要确保经济新常态，拼经济、保民生、促改革。对奥巴马来讲，余任不多，也要确保为数不多的内政和外交成绩。加之乌克兰、中东、亚太三大板块从不同侧面均牵扯美国精力，因此奥巴马也承受不起一个全面倒退的中美关系。

更重要的是，维系现行国际关系运转的世界秩序面临大失序的风险，中美作为联合国安理会常任理事国和世界第一和第二大经济体，在稳定两国关系的同时，还共同肩负维护或共创世界秩序的国际责任。过去 35 年的历史证明，只要中美两国始终抓大控小、立足长远，两国关系的总体稳定就可期。

亚太自贸区关键看 BIT 谈判

王琳：2015 年美国将加快 TPP 谈判，中美 BIT 也在加速，同时中国在 2014 年北京 APEC（亚洲太平洋经济合作组织）会议期间提出开启亚太自贸区的谈判进程，您如何看待这其中的竞争与合作？2015 年是否会成为机遇期？

袁鹏：中国 2014 年打出两个理念，安全上打出亚洲安全观，旨在破解亚洲地区两种安全结构和安全理念的矛盾，一边是美日双边同盟冷战体系，一边是中国倡导的多边合作新思维。亚洲安全观的提出，就是希望包容发展。

第二个口号是亚太自贸区，旨在破解亚太地区跨太平洋伙伴关系协定（TPP）、区域全面经济伙伴关系（RCEP）两轨并行的经济一体化趋势。之所以引起关注，是大家都深感亚太区域经济一体化如火如荼的好势头这几年被 TPP 扯得支离破碎。

另一方面，亚太自贸区要真正推进，难度很大。因为很难想象现在马上将两个体制整合，也很难想象亚太自贸区如何融合这么多不同的国家。亚太自贸区更多是一种愿景和目标，能否成为现实，很重要的一点是中美 BIT 能否取得突破。如果世界第一大经济体和第二大经济体能够实现双边投资协定，意味着两大经济体实现了对接，自然会引导 TPP、RCEP 今后集团式地整合与改进。

目前中国一方面在积极推进 RCEP 的进程，另一方面也以开放包容的姿态理性看待 TPP。两个机制理论上可以同时进行，但问题是在进行过程中，必须有一个高于它们的构想来引导，否则就会渐行渐远，偏离了方向。我理解这就是亚太自贸区提出的意义。

中国对 TPP 的认识经历了从无感到警惕到认识到以平常心看待的几个阶段。既看到其针对中国的一面，也看到背后更复杂的内在经济上的要求，既加强对 TPP 对华影响的防范，也不排除参与 TPP 的可能。中国的姿态是不离、不弃、不怕、不躁。因为 TPP 本身也面临瓶颈，对美国而言，究竟是推动一个没有日本参加、相对低水平的 TPP，还是力争一个日本参加的高标准的 TPP？美国也在观望。

中国一面推进 RCEP 和 BIT 进程，一面理性看待 TPP，同时努力谋划更高层次的亚太自贸区，显示出一种自信心。很难想象一个没有中国的 TPP 将是什么样的情景。把这个想透了，中国就能相对从容、理性来面对 TPP。

美中关系全国委员会主席
斯蒂芬·欧伦斯

中美相互投资　加强中美关系

时间：2015 年 1 月

美中关系全国委员会是推动美中关系方面最有影响力的非官方组织之一，1966 年在纽约成立，由福特基金会和中国对外关系委员会共同发起。1972 年，正是在美中关系全国委员会的搭桥下，诞生了历史性的中美"乒乓外交"。委员会由研究中国问题的著名学者和来自企业界、劳工界、宗教界、学术界和非政府机构的人士组成。

美中关系全国委员会的现任主席斯蒂芬·欧伦斯（Stephen Orlins）能够说一口流利的汉语，他在哈佛大学法学院学习期间学习了汉语，1979 年 10 月第一次来到中国。在四十多年的职业生涯中，无论从政还是从商，从法律界到民间组织，他的工作都与中国有关。欧伦斯是中美关系中民间交往第二轨道的重要人物，中国驻纽约总领事辞任、上任都要去拜会他。

欧伦斯表示，中国与美国的相互投资，增强了两国的建设性交往，加强了中美关系。

中美关系因双向投资而加强

王琳： 有数据显示，2015 年中国的对外直接投资可能将超过外国对中国的直接投资。从美中双方来看，您怎么看双方的相互投资发展趋势？

欧伦斯： 我 1979 年来到中国，那时起美国就已经开始了对中国的投资。当时我的工作之一就是代表美国的投资商。多年来这样的投资和交往从根本上改变了原本的中美关系。那些处理美国公司在中国投资事务的人更加倾向和赞同两国的建设性交往。现在，我们也看到了这段关系的另一边，那就是中国公司也开始在美国投资，而参与投资的那部分人也变得更加倾向于两国的建设性交往。所以中美关系从双方来看都加强了。

王琳： 贸易层面的交往存在摩擦和竞争，相互投资会缓和因商业上的竞争和摩擦造成的紧张吗？

欧伦斯： 在美国市场投资的中国投资者，和投资中国的美国投资者的动机是非常相似的。两者都想要打开对方国内市场。而现在的美国投资者，不论是可口可乐、摩托罗拉或是其他公司，他们都想要将产品卖给中国消费者，这和许多中国公司将要做的事情类似，即进入美国国内市场。这也一定程度上促进了双方贸易，中国投资者想把东西卖到美国而美国投资者想把东西卖到中国。

另外，服务业的投资也会增加，例如中国在美国投资的医疗、老年人独立生活等，这些目前中国还没有，但以后会有，所以中方会通过投资的方式向美国学习。

"我对权力讲真话"

王琳： 我知道您的中文很好，您说过学习中文的选择，改变甚至定义了您一辈子的工作与生活。但孔子学院在美国、瑞典等一些国家和地区引起争议，您怎么看？

欧伦斯： 被关闭的孔子学院很少。我认为美国对孔子学院存在误解。但总的来说，教美国人说汉语是很好的一件事。我们（美国）在这方面（教汉语）做得不够，所以如果孔子学院可以在这方面提供指导，我对此是非常赞同的。

王琳： 我知道您在美国尤其是民主党内是久负盛名的"中国通"。美国国会主要由共和党成员组成，民主党面临一定压力。对您来说会觉得有压力吗？

欧伦斯： 我的原则很简单，对权力讲真话。所以不论民主党还是共和党成员，我对他们说真话，他们因此而尊重我。并不存在让我改变观点的压力。

王琳： 有美国军方背景的中国研究学者白邦瑞（Michael Pillsbury）先生是共和党人中的"中国通"。您觉得民主党的"中国通"与共和党的"中国通"有何不同？

欧伦斯： 美国的中国研究专家在对中国的问题上分歧很大。这并不是共和党和民主党的区别，而是人们看待问题得出不一样的结论，也没有统一的答案。我更愿意将划分标准定为执政党和在野党。如果总统是共和党成员，那么民主党就会批评他的中国政策；反之也是一样。

加拿大养老基金投资公司总裁（2016年6月至今）
马勤

私人资本投资基建　政府要"有所为"

时间：2017年2月20日

加拿大养老基金投资公司（CPPIB）是一家全球领先的专业投资管理机构，也是一家重要的在华外资机构投资者。

CPPIB总裁兼首席执行官马勤（Mark Machin）接受王琳的专访时表示，对与中国全国社会保障基金（下称全国社保基金）联合投资的可能性持开放态度，特别是在海外市场的投资。

2017年2月，CPPIB在北京发布了记录加拿大养老金改革历程的《拯救未来：加拿大养老金"1997改革"纪实》中文版。

2016年9月22日，在中加两国总理李克强和特鲁多的见证下，中国国家发展和改革委员会与加拿大养老基金投资公司签订了谅解备忘录，双方将共享最佳实践，并提出务实的养老金改革解决方案。

加拿大养老基金投资公司是全球基础设施项目的主要投资者之一。当前全球基础设施投资呈现一些新变化，比如中国提出了"一带一路"倡议，并且成立亚洲基础设施投资银行（下称亚投行）。美国总统特朗普也计划在美国进行超过 10 000 亿美元的基建计划，让投资领域发生巨大的变化。

马勤表示，美国和加拿大基建市场的开发对全球基建投资者都是一个利好。

对于美国总统特朗普提出的基建计划，马勤表示，加拿大养老基金投资公司期待能够增加在美国基础设施投资的机会。

中国社保基金长期回报可观

王琳： 通过在中国出版《拯救未来：加拿大养老金"1997 改革"纪实》一书，CPPIB 与中国共享经验。CPPIB 是否考虑与中国全国社保基金进行联合投资等更深层次的合作？

马勤： 当然有联合投资的可能。我们与全国社保基金、国家外汇管理局以及中国其他主要的全球机构投资者都保持着积极的对话。随着时间的推移，会有投资机会。我们过去曾与中国投资有限责任公司（下称中投）共同在全球投资，我们也向中投出售过资产。我们多年来保持与全国社保基金的紧密对话，特别是在其开始寻找更多的国际投资的时候。

王琳： 您对中国社保基金下一步的改革怎么看？需要在中国建立一个类似的 CPPIB 吗？

马勤： 全国社保基金理事会与加拿大养老基金成立时间相近。我认为该理事会高层投资决策富有远见，管理卓有成效，并秉持稳健的管理方式。自 2000 年以来全国社保基金理事会发展迅猛，长期看回报也是可观的。在我看来，全国社保基金理事会与 CPPIB 有相近之处，差异在于能进行主动的海外投资的额度。全国社保基金的投资决策往往是需要授权进行的。我们与全国社保基金的负债情况相差很大，负债结构可能也不同。同时，中国已经有中投等一些机构做了大量的海外投资。而我们在加拿大没有中投这样的主权财富基金，这是一个不同点。

私人资本投资基建，政府角色关键

王琳：这些因素将如何影响全球基础设施投资趋势？CPPIB 会增加基础设施投资吗？如果是，那么会在哪些区域，具体哪些行业？

马勤：全球基础设施投资者最大的一个制约因素是投资机会是否足够大并且拥有足够好的构架。而现在机会太少，因此竞争非常激烈，所以反映在价格上，彼此咬得非常紧。我们在过去几年中一直在努力寻找许多新的成规模的基建投资项目。现状是，非常多的资金追逐着非常少的机会。

当前基建投资者的一个利好是，加拿大和美国基建市场的开发、亚投行的成立都应该会为基建投资创造更多机会。因为一直以来存在着一种错配的情况，很多政府想发展更多基础设施，投资者想投资更多基建项目，但是双方存在着巨大的理解差距，政府不清楚投资者会投资什么项目。我认为现在这些基础设施投资机构和银行中已经有人能够真正了解如何构建这些项目。

一个简单的例子是，对基建项目投资来说，5000 万美金的项目数额很小。但是通过一个团队，却可以进行多达 5 亿、10 亿、20 亿的股权投资。因此可以把所有小的机会打包在一起来创造大机会。

第二个制约因素是规避风险是一件非常复杂的事情。了解基建投资项目涉及的各种风险，以及谁来承担这些项目风险是很重要的。如果所有风险分担机制已经形成，那对机构投资者来说，投资大多数基建项目就会容易很多。按投资规模大小整合，了解所涉及的风险，确立合同和这些资产的风险承担分配。充分了解风险调整后的投资回报也是非常重要的。

再者，政府需要向民众解释。如果政府需要私人资本投资基建，就要解释清楚其需求以及为什么有这样的需求。政府还需要解释，向民众解释，私人资本也应获取体面的回报。比如民众为什么需要为这条公路付费，或者为什么需要为电力支付更高的价格。这些棘手的政治信息都需要政府来传递给民众。全球很多基础设施项目都因为这个原因而搁置。

王琳： CPPIB 在 2016 年受邀参加了亚投行行长金立群组织的商界闭门会。加拿大也已宣布加入亚投行，CPPIB 在中国和加拿大之间，以及在加拿大未来的基础设施投资银行之中将扮演一个什么样的角色呢？

马勤： CPPIB 在亚投行中没有正式的角色，因为我们是一个独立的投资机构。但由于我们是全球领先的基础设施投资方，我们积累了大量专业知识，我们向加拿大以及我们所投资的相关国家政府分享相关经验。

对于亚投行，我认为，金立群行长是一个非常聪明并且富有经验的人，有一个强大的团队在他身边共同负责亚投行的运转，我们也积极与亚投行开展对话。亚投行有很多非常有经验的人，所以我认为亚投行的整体机构非常棒。

基础设施投资要谨慎评估风险

王琳： 您提到，在 CPPIB 的投资结构中，在美投资超过 40%。在美国基础设施投资的确切百分比是多少？您将增加对美国基础设施的投资吗？

马勤： CPPIB 目前在美国基础设施的投资有几十亿美元的规模，包括收费公路、电站和一些其他的资产。我们会增加对美基建。但是目前主要问题是缺少投资机会以及合理估值。如果基建项目供给方提供更多的机会，我们当然期待能够增加在美国的基础设施投资。

王琳： 您认为中国养老金是否应该投资国内或国外的基础设施项目？

马勤： 做基础设施投资必须有一个真正了解风险的专家团队。比如投资收费公路，你要了解：这条收费公路上的客货流风险，未来平行的路线对收费公路的流量产生什么影响，未来的自动驾驶汽车会否改变道路流量。如果投资长达四五十年，要有长远眼光看到发展趋势，并评估与所付出的代价相比回报是否值得。我认为投资基础设施是一个好的资产类别，但要想投资好，必须有一个真正的专家团队来操作。

关注中国个人消费和人口老龄化

王琳： 您对 2017 年中国经济有什么样的期待？最近，特别是第一季度，许多中国经济学家对此持谨慎乐观态度。您的看法是什么，您对哪些部门和行业有信心？被高估的机会和风险是什么？

马勤： 最近看到了一些对中国经济相对乐观的报告。经济学家在过去几年一直持有谨慎的态度。我们会继续保持长远眼光看待投资。我发现今年对中国经济的乐观主义观点更多。我认为更关键的是中国经济的平稳发展能让中国的决策者在一个稳定的环境中继续改革。有很多改革仍需继续。我认为，宏观经济稳定会给人们打一剂强心针以推进改革，而这些改革对于长期投资者大有裨益。加拿大养老基金不是为 2017 年投资，而是为了 2027 年或 2037 年而投资。如果中国改革能够以一个更快的步伐平稳地进行，将非常好。

王琳： 具体领域和行业呢？

马勤： CPPIB 布局的领域和行业是多元的。整体来说，考虑到个人消费在中国的重要性日益增加，我们喜欢面对消费者的行业，很多投资者都着眼这一点。另一点就是人口老龄化，很重要的人口变化趋势。中国将产生越来越多的退休人口，那么任何解决这些退休老龄人口需要的行业，比如医疗和养老都是我们仔细研究的领域。

美国前副国务卿、亚洲协会会长
施静书

特朗普有可能接受"一带一路"倡议

时间：2017 年 3 月 20 日

美国前副国务卿、亚洲协会会长兼首席执行官施静书（Josette Sheeran）认为，特朗普有可能接受中国的"一带一路"倡议。同时，她表示，在她看来，美国没有加入亚洲基础设施投资银行（下称亚投行）是一个错误。

施静书认为，"一带一路"倡议已经成为弥补全球基础设施融资的重要来源。鉴于当前全球各国巨大的基础设施融资缺口，她支持中国愿意向全世界开放自己投资计划的做法。

施静书 2013 年 6 月开始担任亚洲协会的第七任会长。总部位于纽约的亚洲协会是 1956 年由洛克菲勒家族创办的非营利、无政府、无党派民间组织，是美国颇具影响力的亚洲政策研究机构。

中美关系要避免两大陷阱

王琳：对王毅外长午餐演讲（2017年3月20日中国发展高层论坛），您有什么新发现吗？

施静书：确实。我之前未曾听说过"金德尔伯格陷阱"。王毅外长不仅提到了"修昔底德陷阱"，还提到了"金德尔伯格陷阱"。因此我也阅读了相关资料。"金德尔伯格陷阱"是个非常重要的说法，这一说法是在美国力量不断崛起而英国不断衰退的环境下提出的，关系到全球公共产品由谁来负责，此观点是第一次世界大战之后所留下的遗产。外长提到我们必须要避免这两种陷阱，我认为他所言极是。

王琳：和之前多有讨论的"修昔底德陷阱"相比，"金德尔伯格陷阱"有何不同？

施静书：这两种陷阱大不相同。"修昔底德陷阱"关系到当一个大国不断崛起时所产生的紧张情形，我认为这不仅仅关系到中国，更关系到不断崛起的整个亚洲，也关系到东西方相对的经济和安全压力。事实上，当亚洲协会成立时，我们便预测到可能会出现紧张局面，我们也特别希望进行建设性对话，因此约翰·戴维森·洛克菲勒建立了亚洲协会，旨在避免"修昔底德陷阱"。另一个陷阱——"金德尔伯格陷阱"，讲的是由哪个国家来承担联合世界的责任，不仅是在思想上联合，还要在融资上联合。因为当今世界有很多弱国，这些国家正遭受着重重困境，这些问题已经超越了国界，比如水资源、粮食或能源等问题。因此，一些国家除了要顾及本国利益，还需要顾全大局，"金德尔伯格陷阱"谈的就是这方面的问题。随着中国不断崛起，中国便要顾全很多问题，包括克服本国贫困、推动国家发展，还包括处理全球性问题。因此"金德尔伯格陷阱"便涉及如果美国从全球收缩，中国是否能承担起更多的全球责任？这便是问题所在。

王琳： 美国国务卿蒂勒森访华期间，承认了中国提出的中美新型大国关系的内涵，即不对抗，不冲突，相互尊重，合作共赢。葛来仪等美国学者认为，蒂勒森将外交胜利送给了中国，承认中美新型大国关系的内涵是一个错误。您怎么看？

施静书： 这一点我不是很清楚。我没有看到蒂勒森国务卿公开做此表示。

我认为正如王毅外长所说，蒂勒森目前不仅要顾及长远，也要顾及当前。因此在解决朝鲜问题上，他身负重担。为了找到解决方法，他承担着重重压力。因此，我认为他也在试图为长期性挑战寻找迅速的解决措施，此挑战便是朝鲜的安全问题。

但令我惊奇的一点是王毅外长在演讲中对于伙伴关系的强调，我来到中国已经三十多年了，这是我第一次听说伙伴关系是中国国际承诺与措施的核心部分。我认为这确实是件好事。中国一直以来都在推动建立伙伴关系。我个人也已经竭力推动联合国及美国政府与中国建立合作伙伴关系，中国将这些合作置于其众多伙伴关系的核心位置，实为明智之举。此外，我认为了解中美伙伴关系的关键因素至关重要。因此，未来即使出现紧张局面，中美也必须找到双方可以共同合作的积极面，从而推动两国乃至整个世界的发展。中美能够设法找到共同合作的大问题，如当今世界的灾难、儿童营养不良等问题。如果中美两国能在这些问题上携手合作，两国便能够大有作为。

王琳： 由于朝鲜核安全问题，一些人担心或预计特朗普总统可能向朝鲜宣战，您的看法如何？您认为美国会做出这样的赌注吗？

施静书： 我认为美国是时候重新审视自己（对朝鲜问题）的做法了。美国已经得出了结论，那便是过去的方法并没有产生什么实质性成果。六方会谈以及其他努力都未见成效，也未能降低威胁。目前朝鲜问题迫在眉睫，是应该优先考虑处理的问题。如今美国已经成立了将做出政策选择的新团队，尽管最终结论与可行的选择仍是未知数，但我认为他们很快便会就如何来推进朝鲜问题做出决定。

TPP 不会被其他成员抛弃

王琳：您所在的亚洲协会连接美国与亚洲。在特朗普任期内，亚洲协会的优先工作重点是什么？

施静书：我们亚洲协会可以起到的作用之一便是帮助美国新政府与中国等亚洲国家建立理解，我们认识熟悉新政府中的很多人。因此，我们也正努力与他们建立联系，试图理解他们的视角，并切实帮助将这些想法分享给亚洲的领导人。这也是我们亚洲协会一直以来所扮演的角色，我认为目前这样的角色尤为有用。因为现在有很多新的参与方加入到了制定美国亚洲政策的重大决定中，而其中的很多人对亚洲国家来说此前并不熟悉。

王琳：奥巴马政府的政策重心是"亚太再平衡"，其运用的举措为结合军队资源与战略性经济资源，其中包括跨太平洋伙伴关系协定（TPP）和其他协议，那么您认为政府下个阶段的重心将会是什么？

施静书：特朗普总统已经说得很清楚，他的政策重心将会是在美国创造就业。因此他将在国内外寻求（增加就业的）机会，以兑现承诺。我认为他会严肃对待自己的承诺，因此他可能会吸引中国及其他国家来美国办厂，并且在美国制造且销售产品。这便是新政府战略的一部分。此外，特朗普还将解决不同的关税管理体制或准入制度，力求实现公平的关税制度。这便是特朗普政府的优先领域，这与奥巴马总统区别很大。

王琳：如果美国退出 TPP，您认为 TPP 还有其他希望进行下去吗？

施静书：参与 TPP 谈判的国家都知道 TPP 对它们的帮助以及当时谈判时的难度。因此，我认为这些国家不会就此抛弃 TPP。我们也发布了一份相关报告，建议这些国家继续落实 TPP，并找到行之有效的方式继续各自执行 TPP。我们认为如果这些国家与中国对话，看看是否可能与中国合作，那么他们也会有所收获。我认为，若各国实现贸易流通、贸易的法律规则框架得以改善、开放程度得以提高，那么各方便会自然而然地实现多赢，此外，在与东亚各贸易部长共同制作的报告中，我们也提到了 TPP 应该继续落实。

王琳： 我 2016 年去了越南，在走访期间，我发现了由于 TPP 带来的潜在伙伴关系，再加之世界上很多制造企业重新在越南办厂，越南变得非常富有吸引力。然而，越南目前却充斥着不确定性，必须要独自应对经济和政治挑战。

施静书： 没错，对于越南这样的国家，其巨大的优势来源于有更多机会进入美国市场。因此，损失美国市场对越南影响极大。而对于日本这样的国家，已经拥有足够多的机会进入美国市场。因此，不同的国家遭受的损失也是不尽相同的。但我认为，越南仍然能够从 TPP 当中受益，例如进入日本市场为其带来的益处。因为越南发达的农业使其成为巨大的农产品供应国。

王琳： 您认为中国将在阿富汗问题上起到什么样的作用？中国有可能会成为主导力量吗？

施静书： 正如王毅外长今天所说，各国需要多个而非单一的希望，各方应该携手合作。但在我看来，中国应当扮演至关重要的角色，而且我也看到了中国在巴基斯坦问题上起到的重要作用，例如，中国为其带来了稳定，尤其是在巴基斯坦北部地区。此外，中国也在巴基斯坦面临洪水及地震等危机时积极伸出援手。在巴基斯坦问题之前，我也曾与中国合作，我知道阿富汗急需马路、电力以及基础设施。有一点很不可思议，那便是塔吉克斯坦的水电需求巨大，但是，这些需求并没有为阿富汗带来任何益处，因为塔吉克斯坦和阿富汗之间既没有通路，也没有桥，因此贸易无法在两国之间流通。我过去竭力寻求这方面的支持，并努力募集资金，旨在联通两国贸易。如果中国也能够倾其力量，在这方面提供帮助的话，那么我们便会取得重大成就，阿富汗人也能够进行跨境贸易。阿富汗曾经是世界上贸易机会最多的地区之一，我们目前正处于关键的历史阶段，然而，由于没有通路，贸易便会受阻，这是目前我们面临的最严峻问题。如果没有安全保障，那么即使基础设施建设得以落实，卡车也不会从道路上经过，贸易者也不会利用这些基础设施。因此，在阿富汗建立安全通路对于整个世界都大有裨益。

基础设施可能成为中美携手的大项目

王琳："一带一路"倡议从提出到执行已经历时超过三年，您对中国目前采取的举措有怎样的评价？哪些方面是您所忧虑的？

施静书：目前，亚洲地区基础设施缺口已经超过 700 亿美元，因此各方都有足够的施展空间。在落实"一带一路"倡议期间，中国采取的正确行动就是以实实在在的资金来支持其设想和计划。单有方案和计划是不够的，因为目前基础设施融资来源十分有限，规模很小。世界银行无法提供充足资金，亚洲开发银行也做不到，甚至连亚投行都无法做到全部。但我认为"一带一路"倡议已经成为弥补全球基础设施融资的重要来源。

我也曾听过企业抱怨自己得到的关于"一带一路"的信息不够充分，他们希望获取更多与"一带一路"倡议相关的信息，只有这样他们才能明白如何共同融资、如何合作抑或是如何参与到基础设施建设之中。因此，我认为中国还可以采取更多行动，包括与全世界的企业达成合作，帮助这些企业参与到此计划之中。这样一来，人们也会赞同很多倡议，包括湄公河下游倡议、长江经济带倡议以及"一带一路"倡议。但我认为全球企业都应该对这些倡议抱有足够的信心，这样世界便将会真正联合到一起，从而为这些计划提供支持。目前基础设施建设所面临的问题是风险过高，此外，要取得成效也要花费较长时间。因此，企业需要与愿意承担风险的政府合作。而中国便是愿意承担基建风险并愿意投资海外的国家，但我仍认为中国还可以做更多事情，把机会利用起来，让企业参与进来，与企业共同融资、共同建设，哪怕只是一小部分。

王琳：您认为美国政府愿意与中国共担基础设施建设风险吗？

施静书：我认为这是一个可以与特朗普总统探讨、他会非常感兴趣的领域，因为他提倡基础设施建设，他对基建有所了解。基建很可能会成为（中美合作）非常有影响力的项目。中美企业正在携手合作，我认为这是件好事。

王琳：在您看来，特朗普总统推动美国加入"一带一路"倡议的可能性会更大吗？

施静书：特朗普有可能接受中国的"一带一路"倡议。或许会这样。在我看来，美国没有成为亚投行的一员是个错误。中国愿意向全世界开放自己的投资计划，并将世界各国集中在一起，是已经迈出的积极一步，我不认为这偏离了什么轨道，因为目前各国基础设施融资的差距确实不小，因此我支持中国的做法。

我认为特朗普总统明白基础设施必须与政府建立伙伴关系。目前，特朗普在房地产事业中取得的大多数成就跟他与纽约市政府及其他地方政府达成的合作密不可分，这取决于投资所需的规模。因此我不会越过当前的状况（中国提出"一带一路"倡议）而提出不同的方法。我认为特朗普总统需要了解"一带一路"倡议所带来的好处。

王琳：除了基础设施，特朗普总统在谈到中国时，提到最多的便是贸易战问题以及货币操纵。一些有意在美国投资的中国公司还有其他一些担忧，例如美国监管机构可能不会对其投资项目予以批准。对此您有什么看法？

施静书：让我一件一件事来说。正如王毅外长所说，这些是描述中国行为的词语。而正如我们所见，美国的决定其实是不将中国归为货币操纵国。为什么呢？因为事实上我们没有掌握足够的证据来支撑"货币操纵"一说。这便是结论。因此，我认为特朗普总统将会全方位考量目前的状况是否公平。他最近说过："我所追求的并不是一场贸易战，而是公平。"

此外，我们目前看到有一些推动公平的政策正在出台，因此就货币来说，中国并没有采取操纵货币的行动；就贸易来说，需要逐个产业、逐个条款来评估考虑。其他国家会采取什么规则呢？不仅是中国，美国的规则又是怎么样的呢？美国的关税很低，而且可能还会下调1%—2.5%，而在中国，很多商品的关税都非常高。我认为特朗普总统确实会就关税问题进行谈判。

王琳： 那您对海外投资怎么看？不仅仅是美国，还有德国等其他国家，都在寻求进行互惠互利的双边投资，特别关注双边投资的对等性问题。对此您怎么看？

施静书： 没错。如今，中国对美国的投资额（当年流量）已经超过了美国对中国的投资额，因此中国海外投资业绩突出。我曾与很多参与中国投资的人对话，美国投资商都感到收获颇丰。中国计划在美国实施更多投资项目。而且，特朗普总统也告诉马云及福耀玻璃厂（董事长）："大胆来美国投资吧！"因此，特朗普很懂商业，他喜欢创造就业岗位，而美国人喜欢投资，因为投资能够带来就业。这一点毋庸置疑。